ちくま新書

プロフェッショナル原論

波頭 亮
Hatoh Ryo

629

プロフェッショナル原論【目次】

まえがき

プロフェッショナルは自由な職業である。

どの仕事をするのかしないのかを決めるのは自分自身であり、結果さえきちんと出していればどういうやり方でやろうがそれもまた本人の自由である。

どんなに有能な人材であっても職業が一般の勤め人であれば、辞令一本で望まない業務に就かされたり、場合によっては個人的な倫理観に反するようなやり方を求められたりすることもある。それに対してプロフェッショナルは意にそぐわない仕事をする必要はないし、自分の思い通りに仕事に取り組むことができるのである。つまり人生の中の最大の関与事である仕事において、自己決定権を持っているのがプロフェッショナルの最大の魅力であろう。

加えてプロフェッショナルの仕事は華麗である。

神の手と称されるような外科医の手術は奇跡のように患者の生命を救うことができるし、人権派弁護士の緻密な論理と情熱的な弁論は無実の人の冤罪（えんざい）を晴らし社会正義を守る。イチローの打撃や守備は世界中の野球ファンを魅了し、パバロッティの歌声は聴衆を陶酔させブラボーの嵐を巻き起こす。プロフェッショナルの仕事は人々を救い、感動させ、そして感謝と敬意を得ることができるのである。

自由で、華麗で、しかも社会からの敬意を得ることができるのだから、プロフェッショナルが魅力的な職業であることは間違いないであろう。

わが国では長い間良い就職とは一流企業や官庁に入ることだというのが常識であったが、近年ではこの常識が揺らいでいる。安定を求めて大企業に入ったはずが突然破綻の憂き目に遭ったり、一流企業こそ社会的信用の証であったはずが社会的公正を逸脱した行為が次々に発覚して世間を騒がせたりと、これまでの一流企業や官庁が持っていた存在感や信頼感は大きく減退して来ている。

またその一方でビジネスが複雑化して来たことを受けて、求められるマネジメントや金融・法務の業務レベルが高度化し、プロフェッショナルの仕事に対する要請は高まる一方である。実際プロフェッショナルな職業に就く人の数は近年大幅に増加している。筆者が仕事に就いた三〇年ほど前には、コンサルティング業界全体で二〇〜三〇人程度でしかなかった人材の募集枠が近年ではその一〇〇倍の二〇〇〇〜三〇〇〇人にも上っているし、従来は一年間にせいぜい一〇〇〇人程度までであった弁護士資格の取得者数も、法科大学院制度の導入とも相まって今後は毎年三〇〇〇人程度にまで広げられることになっている。仕事における自由や華麗さ、社会的ステイタスといった本来の魅力に加えて、実社会における必要性の増大も背景となって、プロフェッショナルの人気が高まって来ているのは当然の風潮だと言えよう。

とはいえ、その一方で耐震構造偽装事件やライブドア粉飾決算事件のようにプロフェッショナルと呼ばれる職業人による重大な不正行為が次々に発生しているのも事実である。これは明らかにプロフェッショナルの世界に何らかの歪(ゆが)みが生じていることを意味する。何らかの歪みがプロフェッショナルに大切なものを失わせ、プロフェッショナルが果すべき社会的機能を狂わせてしまっているのだ。この問題の要因を事件を引き起こした建築士や公認会計士個人の倫理観の欠如に帰して考えることは容易であるが、では何故高いモラルを要求されるはずのプロフェッショナルが倫理観を喪失してしまったのかという問題にまで目を向けるならば、事件の根は深く事態は深刻である。

今後ますますプロフェッショナルの活躍が求められ、プロフェッショナルな職業が人気化している時代にあって、プロフェッショナルの本来あるべき姿と仕事のしくみについて真摯(しんし)に確認してみることが不可欠であろう。

実は華やかで目立つプロフェッショナルのイメージとは裏腹に、プロフェッショナル本来の社会的役割も活動の実態もあまり知られていない。一般の人々はもちろん、プロフェッショナルな職業を目指している人達にも知られていない、プロフェッショナルの世界独特の掟や常識が多々存在するのである。プロフェッショナルの世界は元々ギルドであり、一般の社会とは異なったルールで仕事が行われ、一般の社会とは違う常識や規範が通用している。しかも自分達の世界のことは一般の社会には明かさない習慣がある。

このためにプロフェッショナルの世界の実態はあまり知られていないのだが、一般の人々の知らないプロフェッショナルの世界独特の掟や規範の中にこそ、実はプロフェッショナルの本質が込められているのだ。そうした掟の一条一条、規範が示す行動スタイルの一つ一つに、プロフェッショナルの仕事の本当の意味合いがインプットされているのであり、誇りを持って華麗に仕事を遂行するための秘訣が込められているのである。

本書ではそうしたプロフェッショナルの掟や仕事のルールから人間としてのプロフェッショナルらしさや日常行動に至るまで、プロフェッショナルの世界の実態とあるべき姿を示して、プロフェッショナルという職業の本質を明らかにしたい。いわばプロフェッショナルがプロフェッショナルとして一流であるための「プロフェッショナリズム原論」である。

ところで、筆者は経営コンサルタントである。経営コンサルタントという職業は、現在でこそプロフェッショナルの一つとして認められるようになって来ているが、プロフェッショナルの元祖とも言える医者や弁護士と比べると歴史や伝統を持たない。プロフェッショナルとしては新参者である。しかし新参者であるが故に、プロフェッショナルの一員として認めてもらえるようにプロフェッショナリズムをより強く意識している面がある。実際筆者がコンサルティング　ファームに入社した時に、まず最初に叩き込まれたのは戦略論でも財務分析の手法でもなく、プロフェッショナルとは何かという講義であった。

別の見方をすれば、医者や弁護士等の長い歴史を持つプロフェッショナルな職業は、国家試験や公的資格によってプロフェッショナルとしての身分が保証されているが、一方コンサルタントには何の試験もない代わりに、何の資格も保証もない。だからこそコンサルタントが認められるためには、プロフェッショナルとしての実質が強く問われることになる。

プロフェッショナルの実質とは、知識や技術の面での職能の高さだけではなく、プロフェッショナルとして身につけていなければならない特有の行動規範や倫理意識でもあるのだ。従ってコンサルタントはプロフェッショナルとして正しく本来の姿を守れているかどうかを常に意識していなければならないのである。その意味で長年コンサルタントをやって来た自分がプロフェッショナルの説明をすることは、より生々しく、より核心に迫れる面もあるのではないかと思っている。

本書では、これまでほとんど紹介されていなかったプロフェッショナルの世界独特の掟からプロフェッショナル達の生活スタイルまで具体的に開示してプロフェッショナリズムの核心について説明してある。プロフェッショナルの華麗な面と厳しい面の双方について正しく知っていただき、プロフェッショナルという職業の魅力を理解して頂けることと思う。

第一章 プロフェッショナルとは

一　プロフェッショナルとは

プロフェッショナルという概念は紀元前五世紀に古代ギリシアで成立した。「ヒポクラテスの誓い」という医者の心得を打ち立て、「医学の父」と称されるヒポクラテスがさしずめプロフェッショナル第一号というところであろう。当時は医者の他に弁護士、建築家もプロフェッショナルの代表的職業とされていたが、経済やビジネスが社会活動の中心となった現代では、会計士や経営コンサルタントもプロフェッショナルな職業と見なされるようになって来ている。

今日プロフェッショナルという言葉にはいくつかの解釈があり、様々な意味で使われているため、使用される文脈や場面で意味が異なっていたり曖昧であることが多い。本書ではプロフェッショナルという職業について本質的な理解を得ていくために、まずプロフェッショナルの定義を示すところから始めよう。まずプロフェッショナルとはどのような条件を持つ職業なのかについて明らかにした上で、プロフェッショナルという職業の魅力についても説明していく。定義としての条件に加えて、プロフェッショナルの魅力の中にもプロフェッショナルらしさが込められているからである。

①プロフェッショナルの定義：三つの要件

プロフェッショナルとは、一言で表すならば、「高度な知識と技術によってクライアントの依頼事項を適えるインディペンデントな職業」と定義することができる。

この定義にはプロフェッショナルという職業の三つの要件が規定されている。プロフェッショナルの職能と、仕事の形式と、身分とに関しての要件である。

第一の要件は職能に関する規定である。プロフェッショナルは極めて高度な知識や技術に基づいた職能を有していなければならない。

そしてその知識や技術は雑学博士のように広く何でも知っているというものではなく、映らないテレビでも壊れた自転車でも何でも直しますという便利屋さんのような技術でもなく、特定の専門的分野に関しての深く高度なものでなければならない。つまり通常一般の人では全く及ばない水準の、長年の修練によってようやく身につけることができるような高度で専門的な知識や技術でなければならない。こうした極めて高度な職能を有していることがプロフェッショナルの第一の要件である。

第二の要件は仕事の形式に関する規定である。プロフェッショナルの仕事は、特定のクライアント（顧客・依頼人）からの特定の依頼事項を解決してあげるという形式をとる。

通常のビジネスのように財やサービスを不特定多数の人々に無差別に提供するのではなく、特定の問題を抱えた特定の人からの依頼に基づいて仕事が成立し、その問題を解決してあげるのがプロフェッショナルの仕事である。従ってリクエストに応えるという意味では受託型の、顧客毎に対応するという意味ではオーダーメード型の、依頼事項毎に完結するという意味では案件型の仕事であるというのが特徴になる。

第三の要件はプロフェッショナルの身分に関する規定である。プロフェッショナルはインディペンデント、即ち職業人として独立した身分である。

この第三の要件には二つの意味合いが含まれている。一つ目は文字通り、会社や役所といった組織に属さないフリーの立場であるということである。プロフェッショナルは組織に雇われて組織の指示と管理の下で仕事をするのではない。依頼人からの仕事を引き受けて仕事をするという意味においては、その案件に限っては依頼人に雇われていることにはなるが、仕事のやり方について依頼人から指示や管理をされるわけではない。プロフェッショナルは仕事においては、誰の命令も受けないし、誰にも管理されない。仕事においては、自分の主人は自分自身であるというのがインディペンデントであるということの一つ目の意味合いである。

もう一つの意味合いは、仕事を自己完結することができるということである。プロフェッショナルの仕事は依頼人からの問題を解決してあげることであるが、その問題解決に必要なものはプロフェッショナル自身の中に保有している属人的な職能が全てなのである。つまり自分自身さえいれば仕事ができる。資本も組織も大がかりな設備も不要である。プロフェッショナルは、仕事において価値を生み出す行為を自分一人で自己完結することができるという意味でもインディペンデントなのである。

以上、高い職能を要すること、特定のクライアントに対する問題解決型のサービスであること、そしてインディペンデントな立場であるということの三点が、プロフェッショナルという職業の形態上の要件である。しかしプロフェッショナルの本質を知るためには、こうした形態上の要件ばかりではなく、プロフェッショナルという職業の使命や規範についても理解しておかなければならない。

†誓いが必要

プロフェッショナルの本質とは、実はプロフェッショナルという言葉自体に隠されている。プロフェッショナル「professional」という言葉は、「profess」という「宣誓」を意味する言葉から来ている。つまりプロフェッショナルとは、その職業に就くのに際して神に誓いを立てなければならないほどの厳しい職業なのである。

何を神に誓うのかと言うと、社会に貢献し公益に寄与することを目的として働くこと、そしてその目的を果すために定められているプロフェッショナルの掟を守ることである。

プロフェッショナルという言葉を聞いてまず思い浮かべるのは、常人の域を遥かに超えた知識や技術の凄さであろうが、実はプロフェッショナルのプロフェッショナルたる本質は、神に誓う自らの使命であり、わが身に課す厳しい掟にあるのだ。プロフェッショナルの実質的な定義としては、先に挙げた職業形態としての三つの要件以上に、公益に奉仕するという使命感と掟を守る自律心こそが重要なのである。

一般の人々が働く主たる動機は金を儲けることであったり、出世や権力を手にすることにある場合がほとんどであろう。一方、プロフェッショナルは自分の利得のために働くのであってはならない。会社のためや家族のためですらあってはならない。会社の発展のために滅私奉公の気構えで尽力するとか、妻子のためには休日返上で仕事に精を出すなどというのは、一般の勤め人ならば立派な勤労姿勢だと言えようが、プロフェッショナルとしての動機からは外れているのだ。正当なプロフェッショナルであるためには、世のため人のため、即ち公益に寄与することを唯一の動機として働かなければならないのである。

このように深い知識や高い技術を有し、しかもその力を公益への奉仕にのみ行使することが求められているのがプロフェッショナルであるということは、言い換えるならば、深い知識や高い技術を個人の利得のために行使するのであればプロフェッショナルとは呼べないということである。高度な職能を有していても、私的な利益のために働いているのであれば、それは単なる有能なビジネスマンあるいは腕の良い技術屋でしかない。

とはいえ、通常の人では持ち得ないような高いレベルの職能を持つ人であれば、それを使って金儲けをしたい、それを使って社会的にのし上がりたいと思ってしまうのも人間としてまた自然な姿であろう。

だからこそ、プロフェッショナルには仕事をする上での厳しい掟が課せられている。職業人として何をなさねばならないのか、また何をしてはならないのかについて、絶対に守らねばならない鉄の掟が定められているのだ。この掟を破った時には、当然プロフェッショナルとして失格であり、その資格は剝奪（はくだつ）される。〝医学の父〟ヒポクラテスが同時に〝プロフェッショナルの祖〟とも見なされているのは、彼が弟子達を一人前の医者として認めるのに際して彼らに誓わせた「ヒポクラテスの誓い」に由来する。ヒポクラテスの時代以前にも医者は存在したが、彼が「ヒポクラテスの誓い」によって医者としての掟を定めたことこそがヒポクラテスを〝プロフェッショナルの祖〟たらしめたのである。

この「ヒポクラテスの誓い」には、正しく医者である為の、即ち正当なプロフェッショナルであるための掟が七ヶ条にわたって示されている。その中でも例えば、

・患者の利益を第一とする
・男と女、自由人と奴隷とを差別しない
・患者の秘密を守る

という項目などは、全てのプロフェッショナルな職業に共通する掟として現代でも全く同様に尊重されているのだ。

以上のようにプロフェッショナルは職業の形態としての三要件に加えて、「profess」という語源が象徴する厳しい使命感と掟を背負ってこそ、真の意味でのプロフェッショナル足り得る。プロフェッショナルとは何かを知るには、形式としての要件定義のみでなく社会的役割や職業の本質まで理解しておくことが不可欠なのである。

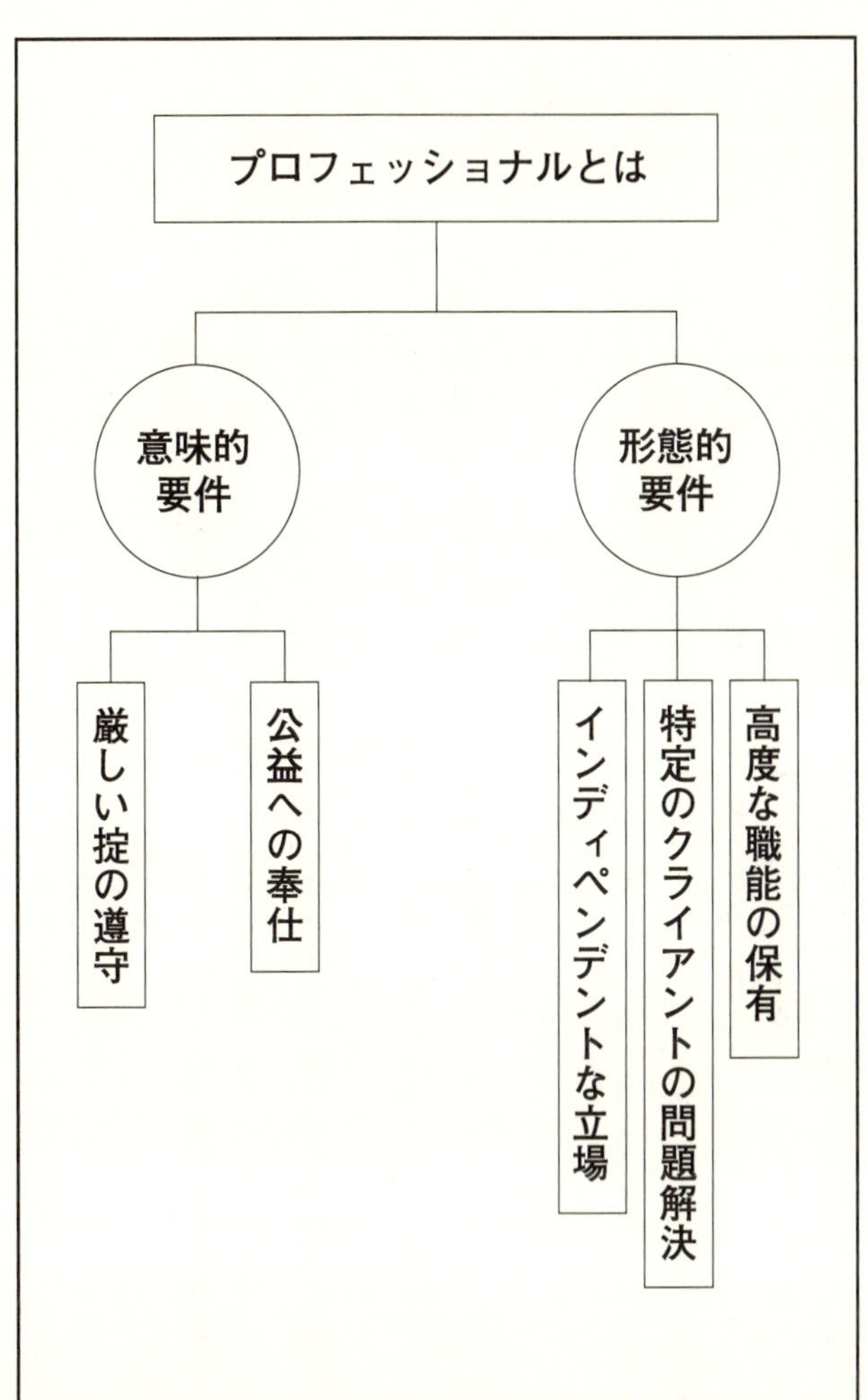
プロフェッショナルとは
意味的要件
形態的要件
厳しい掟の遵守
公益への奉仕
インディペンデントな立場
特定のクライアントの問題解決
高度な職能の保有

②プロフェッショナルの魅力

ここまで示して来たように、プロフェッショナルは極めて高度な知識や技術を修得することに加えて、神に誓わねばならないほどに厳しい使命感と掟を求められる職業なのだが、それではこうした厳しさと引き換えにプロフェッショナルは一体何を得ることができるのであろうか。言い換えるならば、こうした厳しさを覚悟してそれでもなおかつプロフェッショナルを目指し、プロフェッショナルの仕事を続けようと思わせるだけの、プロフェッショナルという職業の魅力はどのようなものであろうか。

†自由と安心

プロフェッショナルが厳しい修練や掟と引き換えに得ることができるまず第一のものは、自由である。仕事におけるインディペンデント性と言っても良いであろう。即ち、どの仕事をやるのかやらないのかを決定する権限が自分自身の手の中にあると言うことである。

どんなに位の高い騎士も敵と戦うか戦わないかを決めるのは彼が仕える国王であるし、どれほど有能な社員であっても仕事の配属については会社からの指示に従わなければならない。意にそぐわない仕事であっても、会社や組織に属している以上は組織の指示に従うのがルールである。高度な知識や技術を持つ人材は一般のサラリーマンの中にも数多く存在するが、自分がどの仕事をやるのかやらないのかを決める権利を有しているのは、プロフェッショナルだけなのである。

そしてこのインディペンデント性と表裏一体の関係で得ることができるのが、組織に帰属しなくとも生きていけるという安心感である。

いかに高度な知識や技術を持っていても会社に帰属していないとその職能が発揮できないのであれば、その会社から出ることは現実的には難しい。意にそぐわない命令に対してどうしても従いたくない場合はその会社を辞めるしかないのであるが、自分の職能がその会社の中でしか通用しないものだったならば、我慢を重ねて、場合によっては卑屈な思いをしてまでも会社にしがみついていなければメシが食えない。そうであれば、現実的には退社の選択肢はないも同然なのである。

これに対して、プロフェッショナルは、自分の仕事が生み出す価値の源泉が全て自分自身の内にある。また公益に寄与し得る汎用性の高い職能であるから、特定の会社や組織に帰属していなくても仕事をすることができるし、社会に必要とされる価値を生み出すことができるのだ。このようにプロフェッショナルはどこかの組織にしがみついていなくとも、どこででも生きていけるという安心感を持つことができるのである。

ちなみに古今の哲学者の言葉を持ち出すまでもなく、自由と安心という価値は人間にとって最も重要かつ基本的なものである。「自由がないのならば人は生きてないのも同然」だし、「安心でないのは生きた心地がしないこと」である。インディペンデント性に基づいて、自由でありながら安心感を持って生きられるということこそが、プロフェッショナルが得ることのできる最も価値あるものであり、最大の魅力であろう。

†自尊の念とステイタス

自由と安心感に次いでプロフェッショナルが得ることのできるものは、自尊の念と社会からの敬意である。プロフェッショナルの仕事は誰にでもできるわけではない高いレベルのものであるばかりでなく、社会に貢献し公益に寄与し得るものである。医者であれば尊い生命を救い、弁護士であれば正義を守る。このように社会的に意義深い仕事に携わり、しかも一人で自己完結的に仕事を行うために仕事の手ごたえを直接的に感じることができるのである。

このように社会的に意義のある、レベルの高い仕事を、自分一人の力で達成することができるわけであるから、プロフェッショナルは自分の仕事内容と職業人としての自分自身に強い誇りを持つことができるのだ。

当然、同様の理由で社会からも敬意を以て認めてもらうことができ、社会的ステイタスも与えられることになる。先ほど自由と安心感は人間が生きていく上で最も基本的な価値であると述べたが、社会からの承認と自尊の念を持てる自己実現こそが、人間の欲望のうち最も高次のものである。プロフェッショナルは自由と安心感という人間として最も基本的な価値を確保して生きながら、仕事を通じて社会からの承認と自己実現という最も高次の欲求を満たすことのできる、極めて魅力的な職業なのである。

†思われているほどではない収入

ちなみに自己実現欲求や社会化欲求と比べると低次に位置付けられる経済的欲求に関して、プロフェッショナルはどのような事情にあるのかについても触れておこう。

プロフェッショナルが得ている経済的収入については、実は一般に思われているほどには高くないのが実態である。プロフェッショナルは仕立ての良いスーツを着こなし、身につける物も一流ブランド品で、高級なホテルやレストランを常に利用しているというイメージを持っている方も少なくないようだが、実際はそうしたイメージとはかなり違っているというのが実情である。プロフェッショナルの日常生活は意外に普通である。少なくとも豪華とか贅沢とかという形容は当っていない。

また所得自体も決して特に高いというほどではない。

例えば医者の平均年収は約一三〇〇万円、弁護士で約一五〇〇万円というところである。現在の日本の大手企業に勤める管理職の平均年収が約一〇〇〇万円程度であるから、医師免許の国家試験や司法試験といったプロフェッショナルになるための資格試験の難しさや徹夜も辞さずという日々のハードワーキングを考慮すると、収入面ではそれほど優遇されているわけではないと言って差し支えないのではないかと思う。

大学の同じクラスで学んだ同級生のうち、大企業で出世した者や起業して成功した者の方が弁護士やコンサルタントになった者よりも高給を得ていることは決して珍しくない。また超高額所得者のクラスで見ると、プロフェッショナルの職に就いている者は皆無である。自家用ジェットを所有していたり、別荘を何軒も持っているほどのお金持ちは企業経営者や資本家であって、プロフェッショナルには縁のない世界である。

これは古代ギリシアから中世、現代に至るまで同じである。金持ちとは、昔は王や領主や司教であり、近代以降は大商人や工場主や資本家である。プロフェッショナルは、いつの時代も経済的には上の下くらい、中産階級の典型層なのである。

このように経済的には特別には恵まれているわけではないが、それでもプロフェッショナルは魅力の大きい職業であると確信している。何故ならば、先に示した自由でありながら安心感を持って人生を渡っていくことができることや、自尊の念と社会からの敬意を共に得ることができる仕事からの満足感は何物にも代え難いものであるからである。こうした人間の心の中の高次の欲求が満たされるからこそ、プロフェッショナルは経済的なメリットに執着しなくても済むのだとも言えるだろう。自家用ジェットを持つことよりも、人の生命を救うことや冤罪を晴らすことの方がより幸せであると感じる心の回路が人間には本来的に備わっているものなのである。

プロフェッショナルがプロフェッショナルたるためには、厳しい修練を積んで高度な知識や技術を身につけなければならないし、それに加えて、公益への奉仕という使命や厳格な掟を守り通さなければならないのだが、修練の末の職能があるからこそどこでも安心して自由に生きていくことができるのだし、公益に貢献するからこそ誇りを持って社会生活を営めるのである。つまりプロフェッショナルは修練を要し掟を死守しなければならない厳しい職業ではあるが、その厳しさを補って余りある大きな魅力を持つ職業なのである。

この意味においても、プロフェッショナルという職業において、その大きな魅力は厳しさと表裏一体のものであり、特にプロフェッショナルの本質として職能の高さ以上に使命感や掟という厳しい規律が重要であることを銘記して頂きたい。

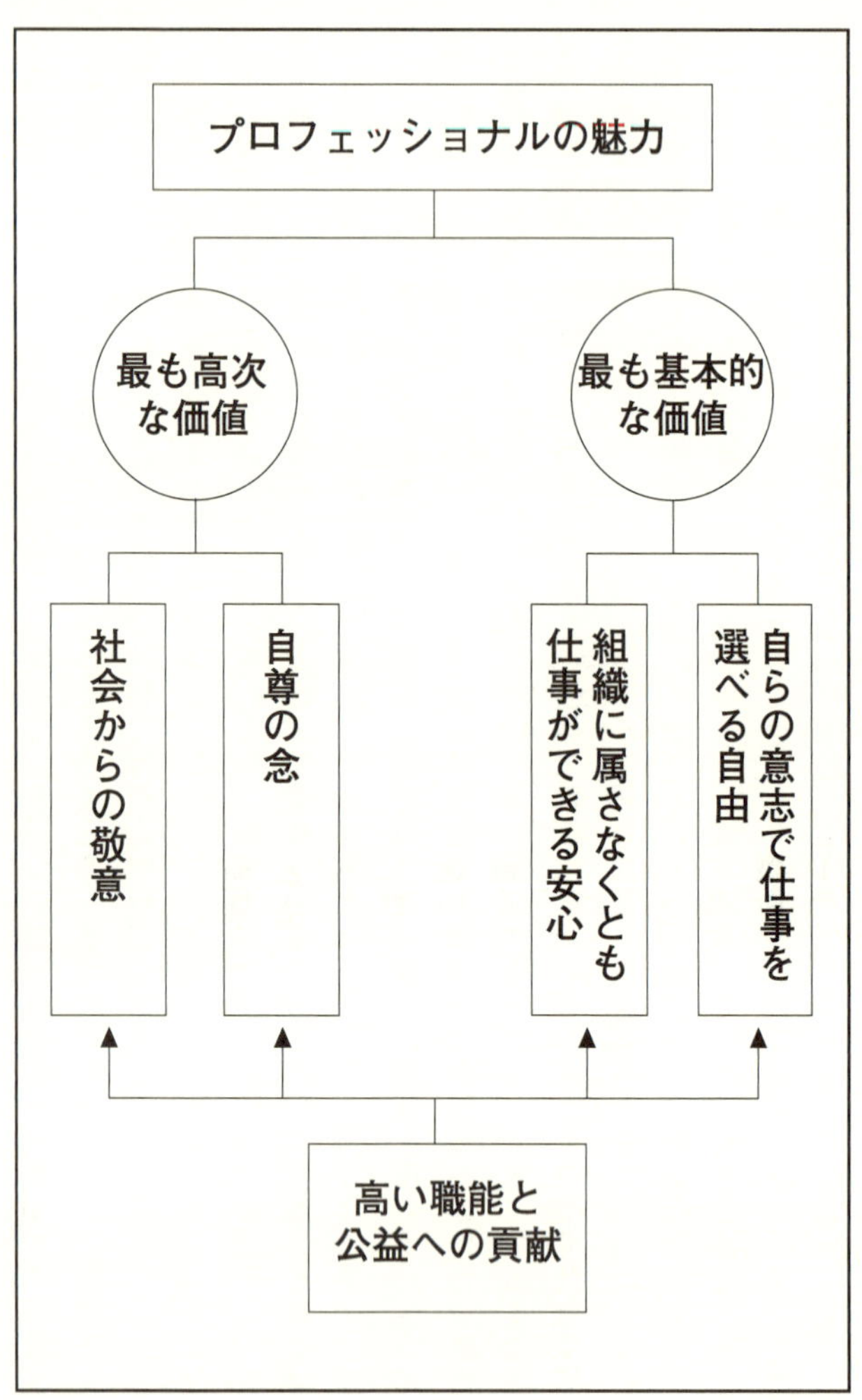
プロフェッショナルの魅力
最も高次な価値
最も基本的な価値
社会からの敬意
自尊の念
組織に属さなくとも仕事ができる安心
自らの意志で仕事を選べる自由
高い職能と公益への貢献

二　プロとプロフェッショナル

本章では先にプロフェッショナルの定義として、①高度な職能、②依頼人からの問題解決、③インディペンデントという職業形態上の三要件を示し、さらに「profess」という言葉に込められた公益への奉仕と掟の遵守という職業人としての本分について説明して来た。こうした定義と本分についての理解が得られると、通常プロと呼ばれている人達と本書で焦点を当てている本来のプロフェッショナルとの違いが明らかになる。

プロフェッショナルという職業の核心に迫る理解を得るために、通常プロと呼ばれている人達の職業と本来のプロフェッショナルを対比させて、その違いについて説明しておこう。

一般に世間で「彼はプロだ」と言う時に想定されているプロとしての要件は、「高度な職能によって金を稼いでいる」ことにあるようである。高度な知識や技術を持っていてもそれによって金を稼いでいなければアマチュア、その職能を使って金を稼いでいるのがプロ、といったところが一般的な認識のようである。アーティストやプロスポーツ選手はもちろん、ずば抜けた成績を上げる営業マンや財務やマーケティングの専門知識をもって仕事をしているサラリーマンまで企業内プロと称するのは、この要件に照らし合わせてのことであろう。

†形態の違いと本分の違い

しかし通常はプロと呼ばれているこれらの職業の人たちと本来のプロフェッショナルとでは、形態的要件の面においても職業人としての本分の面においても明らかな違いがある。例えばアーティストやプロスポーツ選手は本人自らが保有する高度な職能によって価値を創造し、フリーの立場で金を稼いでいるので、プロフェッショナルな職業と呼んで差し支えないように感じるかもしれないが、厳密な定義からすると相違がある。

具体的にはまず第一に、アーティストやプロスポーツ選手は仕事の形態が特定の依頼人から特定の問題解決を請け負う形式ではないという点が挙げられる。アーティストは自らの創作意欲や表現欲求に基づいて自発的に作品を創造するのが基本スタイルであるし、プロスポーツ選手も特定のチームとの年間契約を結ぶとはいえ、問題解決請け負いの案件契約ではない。

第二に、アーティストやプロスポーツ選手の仕事によって生み出される価値の享受者は不特定多数の一般観衆であるという点でも、厳密な定義とは異なっている。医者や弁護士といった本来のプロフェッショナルの場合は、仕事の価値の享受者は特定の依頼人当人であり不特定多数の人に対してのサービス提供ではない。

また更に第三の相違点として、仕事内容の公益性の度合いの違いも挙げられる。先に述べた第一、第二の相違点は仕事の形態的要件上の相違であったが、第三の相違点は仕事の内容に関する違いである。

パバロッティの美声やイチロー選手の打撃技術はまさしく社会の財産とも言えるほど高い価値のあるものであるのは間違いないが、それでもなお医者や弁護士といった本来のプロフェッショナル職業の仕事とは公益性の面で決定的違いがある。

医者や弁護士の仕事は、患者の生命や依頼人の社会的立場を根本的に左右するほどの重みを持つ。一方、アーティストやプロスポーツ選手の仕事は観客に興奮と感動を与え、人々の人生を豊かにするとはいえ、その公演や試合を見るか見ないかが観客の生命や社会的立場を左右する類いのものではない。生活の中のモノでたとえるならば、医者や弁護士の仕事が電気や水道といった必需的生活インフラ、アーティストやプロスポーツ選手の仕事は書物や装飾品といった趣味・文化のアイテムといったところであろう。人間の生活にとってどちらがより重要かということは一概には決められないが、必需性と公益性の度合いにおいて、両者の間には大きな相違があるのである。

　こうした相違を踏まえると、プロフェッショナルについて深く理解しようとする際には両者を区分して扱うことが必要である。その場合、形態上の三要件にきちんと合致していることに加えて、公益的使命や厳しい掟といった職業人としての本分をも満たしている医者や弁護士を狭義のプロフェッショナルとして、形態上の要件を部分的に満たしていて通常はプロと呼ばれているアーティストやプロスポーツ選手を広義のプロフェッショナルとして理解するのが妥当であろう。

　ところで面白いことに、狭義のプロフェッショナルとして本来であればプロ中のプロであるはずの、医者や弁護士のことをプロと呼ぶことは少ない。「小倉先生は医者のプロだ」とは言わないし、「佐々木さんは弁護士のプロだ」とも言わない。医者はそれだけでプロフェッショナルだし、弁護士も同様である。医者も弁護士もわざわざプロと称さなくとも、その職業に就いているだけで自明のこととしてプロフェッショナルであると認められていることの表れであろう。こうした呼び方の用法を見ても、プロとプロフェッショナルには違いがあるのは明らかなのである。

†プロ意識は共通

以上、プロと呼ばれている人々の職業と狭義のプロフェッショナル職業との相違について説明して来たが、それはプロフェッショナリズムの本質をより正確に伝えたいためである。

プロフェッショナリズムの本質は職業形態上の要件以上に、誓いを立てて守らなければならないほどに大切な使命感とわが身を律する掟の遵守にあるということは先にも説明して来たが、この点を明確な形で継承しているのが狭義のプロフェッショナルの世界なのである。こうした使命感と掟は「ヒポクラテスの誓い」をルーツとして世に定められ、時代を超えて継承されながら、現在は狭義のプロフェッショナルの世界の「プロフェッショナル　コード（プロフェッショナルの掟）」の中にのみ残されている。従って本書では、正確にプロフェッショナリズムを示すためには狭義のプロフェッショナルに焦点を当てて説明していくのが妥当であると考えたのである。

とはいえ、このことは通常プロと呼ばれている人達のプロフェッショナリズムを否定するものではない。これまでの説明で示して来たように、通常プロと呼ばれている人達と狭義のプロフェッショナルとの相違は、主として職業の形式的形態と仕事内容の公益性の程度の差である。つまりプロフェッショナリズムの最も重要な部分である使命感や仕事を遂行する上での規範が根本的に異なっているわけではないのである。

プロと呼ばれる人達の多くが持つ職業意識や仕事に対する姿勢には、まさに本来のプロフェッショナリズムに則したものがあるのも事実である。「プロ意識」という言葉があるように、プロと呼ばれる人々の仕事に対する考え方や姿勢には本来のプロフェッショナリズムと何ら違わない崇高(すうこう)なものが確実に含まれている。

例えば野球のイチローやサッカーの中田に象徴されるように、一流のプロの中にはたとえ日本でトップの座を極めてもストイックに一層上を目指し続ける者が少なくないし、また彼らが自分の職業観を語る時には必ず「誇り」という言葉がキーワードとして登場する。こうした姿勢は明らかに一流のプロ意識であり、確実に真のプロフェッショナリズムに当てはまる。高度な職能を自分の金儲けや贅沢な生活のために使うのではなく、自らのプライドを賭けて社会に金字塔を打ち立てようとチャレンジし続けるのもプロ意識であり、プロフェッショナリズムである。

このような意味においては、インディペンデントな立場ではないという点では形態上の要件を欠いている企業内プロフェッショナルと呼ばれる人達も、プロフェッショナリズムと無縁な存在だと言うわけではない。自分がどのように立ち振るまえば出世できそうかとか、どうすれば多くの報酬が得られるかという観点から完全に離れて、何をするのが自分のミッションを果たすために最も正しく有効な仕事なのかを見極めて、信念を貫く働き方をすることができるのであれば、その人はもはや単なるサラリーマンとは呼べないであろう。個人の利得や出世を目的として働くのではなく、本来のプロフェッショナルにも等しい高度な職能を身につけた上に、厳しい倫理観と他者への貢献意識を持って頑張るのであれば、十分にプロフェッショナル的である。

このようにプロにもプロフェッショナルにも共通しているのはプロ意識であり、ここで言うプロ意識こそプロフェッショナリズムの核心である。

そして本書が最も示したいものもこれである。次章において、このプロフェッショナリズムの核心を端的にかつ体系的に表した「プロフェッショナルの掟」について詳しく説明したい。

第二章 プロフェッショナルの掟

プロフェッショナリズムの本質は公益への奉仕に対する使命感と良い仕事をするための行動規範や価値基準の中にある。

実際、コンサルティング　ファームに入ってまず教え込まれるのはマネジメントの知識やデータ分析の手法ではなく、プロフェッショナリズムについてである。

プロフェッショナルとは何ぞやに始まって、プロフェッショナルとして守らなければならない行動規範や倫理規定、仕事に対する取り組み姿勢や日常生活の注意事項に至るまで、形而上学的なレベルからハシの上げ下ろしに至るまで徹底的に教え込まれる。これは筆者が経験したコンサルティング　ファームだけの話ではなく、ロー　ファーム（弁護士事務所）やアカウンティング　ファーム（会計士事務所）なども同様である。

何故ならば、プロフェッショナルになるということは、通常の会社でサラリーマンとして働く場合や役所に入って公務員として働く場合と比べて、職業上の使命や求められる行動原則が全く異なるからである。つまりプロフェッショナルの世界の掟は、通常の世間の常識とは大きく異なっているのである。

†ゴルゴ13とブラック・ジャック

ところで、日本のプロフェッショナル　ファームにおける教育プログラムでプロフェッショナルのロールモデル（典型例）としてよく用いられるのが、ゴルゴ13とブラック・ジャックである。ビジネスの最先端で大企業のトップマネジメント相手に戦略論や組織論を展開する仕事をイメージして入社して来た身にとって、最初の講義でマンガのゴルゴ13やブラック・ジャックが登場するわけであるから、少々面くらってしまう向きも少なくない。

　しかし、実はこの二人のロールモデルはまさに適切な選定で、分かりやすい。ゴルゴ13の方は職業が狙撃手であるという点において仕事の公益性に問題があるものの、またブラック・ジャックの方は正式な医師免許を剝奪されているという点で社会的公正性にやや問題があるものの、彼らの仕事ぶりは見事にプロフェッショナルのお手本である。彼らの専門業務における職能が最高水準であるのはもちろん、依頼事項を引き受けるかどうかに際しての厳しい基準、一度引き受けた仕事を完遂することに対する執着姿勢、常に超一流を目指し続ける研鑽（けんさん）と努力、ふっかけることもなければ原則として決して値切らせることもないフィー（報酬）の設定の仕方に至るまで、プロフェッショナルのパーフェクトなお手本である。

　こうして入社早々に教え込まれるプロフェッショナリズムについての教育プログラムの内容は、大まかに言うとプロフェッショナルとしてどういう行動を取らなければならないのかという規範や行動原則に関するものと、どういう仕事に価値がありどういう成果を目指さなければならないかという価値基準に関するものとからなる。これらの規範や価値基準はプロフェッショナル　コードとも呼ばれ、ファームによって言葉の使い方や整理区分の仕方に多少の違いはあるようだが、核になる理念や全体としてのコンテンツは概ね共通である。

ファームに入社して最初に教え込まれるプロフェッショナルとしての規範と価値基準は、ファームにおける仕事の掟として、いわば普通の会社の社是社則のような位置づけとして、或いは社是社則以上に拘束力の強い評価指標のようなものとして定められている。そして全てのメンバーが日頃からしょっちゅう口にし耳にするものとして組織活動のすみずみにまで行き渡っている。「その結論はクライアント　インタレスト　ファーストに合致しているのか？」とか、「その計画はヴァリュー　ベースになっていないと思う」とか、「君の努力は分かるが、センス　オブ　オーナーシップに欠けている」とか。ファームの中での全ての活動と仕事が、常にこれらの掟に照らし合わされて評価されフィードバックされる。そしてこうしたプロセスの繰り返しと積み重ねによって、プロフェッショナルとしての規範と価値基準がメンバー一人一人に浸透していくのである。

本節ではこのプロフェッショナル　ファームの規範と価値基準をクライアント　インタレスト　ファースト（顧客利益第一）、アウトプット　オリエンティド（成果指向）、クオリ

ティ　コンシャス（品質追求）、ヴァリュー　ベース（価値主義）、センス　オブ　オーナーシップ（全権意識）という五つの掟として具体的に紹介、説明する。プロフェッショナリズムのまさに核心である。

一　クライアント　インタレスト　ファースト（顧客利益第一）——全てはクライアントのために

ファームに入って最初に教えられる規範の中でも、まず第一に叩き込まれるのが「クライアント　インタレスト　ファースト（client interest first）」（顧客利益第一）である。プロフェッショナルは何の為に仕事をするのかという職業上の最も基本的な問いに対する答えが、このクライアント　インタレスト　ファーストである。クライアント　インタレスト　ファーストとは文字通り、プロフェッショナルが仕事をするのに際しては、クライアントのインタレスト（利益）に貢献することを何よりも優先しなければならないし、クライアントの利益に貢献し得てこその仕事の価値が認められるということである。

補足的に説明すると、プロフェッショナルの仕事というのは、自分が帰属するファームの利益の為にするのではないということでもある。ましてや自分自身の利益の為に頑張るのでもない。全てクライアントの依頼と要望に応える為にあるのである。

ちなみにこの顧客の利益を最優先すべしという規範は、先に紹介した「ヒポクラテスの誓い」に載っている七つの規範の中でも、「患者の利益を第一とする」として第一番目に掲げられている。つまりプロフェッショナルの存在意義にも等しいのがクライアント　インタレスト　ファーストであり、医者だろうが弁護士だろうがコンサルタントだろうが、プロフェッショナルな職業に就く者が真っ先に心に銘記しなければならない最重要規範なのである。

†お客様は神様ではない

仰々しくプロフェッショナルの最重要規範などと言ってみても、サービス業であれば顧客の利益を最優先するのは当然ではないか。日本の商人道にも昔から「お客様は神様です」という言葉があるではないか。と思われる方がいるかもしれないが、「クライアント　インタレスト　ファースト」と「お客様は神様です」とは全く違った概念である。

プロフェッショナルにおけるクライアント　インタレスト　ファーストは、クライアント　インタレストを達成すること自体が目的である。顧客の利益を損なってまで自分が儲けたりすることは決してあってはならないし、さらに言うと、仕事を遂行する上では自分の利益という概念を持つこと自体が掟に外れることである。

一方、商人道の「お客様は神様です」は、自分の利益を得るための手段である。つまりお客様を神様のように扱うことによって自分を気に入ってもらい、自分の商売を成功させるための、自分が利益を得るための便法としてのビジネスの手段なのである。

例えば、A事業への進出を考えているクライアントがいて、コンサルタントにA事業への参入戦略を策定する依頼があったとする。しかしコンサルタントが分析と検討を重ねた結果、そのクライアントにとってA事業への進出はリスクが大き過ぎてとても推奨できないという判断に至ったとしよう。この場合、プロフェッショナルとして「A事業への参入戦略は成立しません」という提言をすることになる。それでもクライアントが「リスクは理解している。それでも良いからとにかくA事業への参入戦略を作ってくれ」と言って来た時、プロフェッショナルとしてはどうするべきか。

確かにクライアントの意向に添うという自己正当化の下にクライアントが満足しそうな、ただし自分の真の判断とは異なった戦略提言書を提出することもできよう。しかしその提言によってクライアントがA事業に進出してしまい、大きな痛手を被ってしまうかもしれない。いくらクライアントが自分で責任を取るからと言っても、プロフェッショナルが自らの判断においてクライアントの本当の利益を損なうと思うことは決して提言してはならないのである。これがクライアント　インタレスト　ファーストなのである。

こうした判断と規範に基づいて、「A事業への進出は成立しません」と再度返すと、「では別のコンサルタントに頼むことにする」ということになりがちである。つまり仕事を失ってしまうことになってしまうのである。クライアントが満足してくれそうな、悪く言えば迎合的な提言を行えば、ビジネスとしての利益を得ることはできるが、それではプロフェッショナルとは呼べない。コンサルタントがプロフェッショナルであろうとするならば、つまり本当にクライアントの利益を第一に考えるならば、顧客迎合的になってはならないのである。

一方ビジネス＝商売においては、このようなことはあり得ない。

例えば、トヨタのセールスマンのところに車を買いたいという見込み客が来て、色々と希望条件が提示されたとする。その条件にピッタリの車は、実はトヨタ車ではなくニッサン車の中にあるということが判ったとしよう。こういう場合、顧客の本当の利益を考えてニッサン車を勧めるトヨタのセールスマンがいたとしたら、それは本当に優秀なセールスマンとは言えない。

ベストマッチのニッサン車の車名を勧めたりするのではなく、「そのような希望にピッタリの車はトヨタの○○○です」というのが普通であろう。仮にもう少し丁寧なセールスマンであったとしても、嘘をついたことにならないように配慮しながらも顧客の希望条件自体をトヨタ車のスペックに合うよう誘導する。「お客様がご希望の○○機能は、実は故障しがちでほとんど使わないユーザーの方が多いんですよ」とか、「お客様が望まれている××対応は少々操作が面倒な上に割高なので、△△機能だけで十分だと思いますよ」等の誘導アドバイスである。そして結果的に、必ず「ではピッタリの車はトヨタ☆☆☆ですね」というクロージングに持っていく。これが当り前のビジネスであり、こうした誘導ができるのが優秀なセールスマンである。

ビジネス＝商売にとっては、あくまでも自社の利益が目的であり、お客様を神様のように見立てて丁寧に対応するのは、お客様に気に入って貰うことを通じて自社の利益を実現するための手段なのである。

この二つの例からも明らかなように、プロフェッショナルの仕事とはクライアントの利益に貢献すること自体が目的であり、ファームや自分自身の利益は仕事の目的関数の中で決して優先してはならないものである。このことを端的に表したのがプロフェッショナルの掟の第一条とでも言うべき「クライアント　インタレスト　ファースト」なのである。

†顧客との非対称な関係

実はプロフェッショナルな職業においてクライアント インタレスト ファーストが厳しく求められるのは、単に自己満足的な精神主義的理由からだけではない。このクライアント インタレスト ファーストという掟が守られてこそ、公益への貢献というプロフェッショナルの使命が実現し得るのである。

先にも述べた通りプロフェッショナルの仕事は極めて高度な知識や技術が必要とされるものである。従って、高度な知識を有していない通常一般の人々は、プロフェッショナルの判断や施術に身を委ねるしかない、という非対称な関係でのサービスの授受が行われることになる。

例えば、医者が患者に向かって「この薬を飲まなければなりません」とか「一刻も早く手術しないと命の危険があります」と告げたならば、患者の方はその診立てを原則として疑ったりしないし、ましてや医者の診断を患者が覆すことはほとんど不可能である。何故ならば、医者は病気や治療法についての知識や技術が患者に対して圧倒的に勝っているからである。従ってこの関係を悪用して、例えばより多額の治療費を請求しようと目論んだ医者が、本当は不要な検査や薬でも、「この検査とこの薬は不可欠です」と言えば、患者は従わざるを得ない。乱暴に言えば、プロフェッショナルに対して顧客は言いなりにならざるを得ない関係なのである。

こうしたプロフェッショナルと顧客との非対称な関係を考えると、顧客に適正なサービスを提供し、ひいては公益を守るためにはプロフェッショナルに対して極めて厳しい倫理基準や自己規制のルールを課しておかなければならないのだ。その為の掟がこの「クライアント インタレスト ファースト」であり、この掟が守られてこそ、プロフェッショナルの高度な知識と技術が公益に貢献できるのである。

二 アウトプット オリエンティド（成果指向）——結果が全て

プロフェッショナルが仕事に取り組む上での基本姿勢は「アウトプット オリエンティド（output oriented)」（成果指向）でなければならない。

そもそもプロフェッショナルは、仕事を引き受けたからにはどんなことがあっても必ず結果を出さなければならない。言い換えるならば、どんなに頑張ったところで結果が出せなければ仕事をしたことにはならない。プロフェッショナルにとって、仕事とは「結果が全て」なのである。

「結果が全て」という大原則をプロフェッショナルに課しているのが、このアウトプットオリエンティドという掟である。この掟は実際に仕事をする上では三つの意味合いを持つ。まず第一に、プロフェッショナルは仕事をするからには「必ず結果を出す」覚悟が求められるということである。第二に、必ず結果を出すためには、常に「問題解決指向」の姿勢で仕事に臨まなければならないということである。そして第三に、プロフェッショナルは仕事を行う時だけでなく、仕事の評価も「結果だけで評価」されるということである。

†必ず結果を出す

まず「必ず結果を出す」という覚悟について説明を補足しておこう。プロフェッショナルにとって「必ず結果を出す」という掟はまさに文字通りの意味合いで適用される。プロフェッショナルは自分がどの仕事をやるのかやらないのかを決める権利を有すると説明して来たが、その権利と引き替えに一度引き受けた仕事についてはどんなことがあっても絶対に請け負った結果を出さなければならないという義務を負っているのである。

ちなみに近年企業経営に関する用語としてコミットメントという言葉がよく使われるようになって来たが、この言葉はプロフェッショナルの世界では従来から多用されていた言葉であり、必須の概念である。コミットメントとは、予算にせよ戦略目標にせよ、引き受けたからには確実にその目標を達成すると約束することである。またさらにその目標が達成できなかった場合には、出処進退をかけて責任を負うというような意味合いまでも含む。プロフェッショナルが仕事を引き受けるということは、まさに結果をコミットすることなのである。そしてプロフェッショナルは引き受けた仕事に対しては結果をコミットしなければならないのであるから、結果を出せる確信が持てないのならば、その仕事を引き受けてはならないのである。

プロフェッショナルにとって、仕事を引き受けるということは、即ち結果を出すことを請け負うことであり、この認識が、プロフェッショナルが仕事を行う上での必須の覚悟なのである。

†問題は解決するために存在する

そして「必ず結果を出す」という掟は、必然的にプロフェッショナルにとって最も重要な仕事の基本姿勢である「問題解決指向」を導く。

プロフェッショナルにとって、問題は分析するためにではなくて、解決するために存在する。いかに見事に問題の原因を突き止め、因果のメカニズムを美しく解明しても、仕事がそこで終わってしまっては問題を解決したことにはならない。どのような手立てをどのように実行すればその問題を解決できるのかについて具体的に提示することが仕事の本分であるし、場合によってはその手立ての実行をクライアントと一緒になって手伝うことも必要である。

例えば、医者であれば、診断をして病名を突き止めるだけでは仕事を完遂したことにならない。最適な薬を処方し、必要に応じて手術を行い、場合によってはリハビリテーションの面倒までみて、患者が治癒し元気になってこそ仕事を完遂したと言えるのである。プロフェッショナルが仕事において必ず結果を出すために常に心掛けていなければならないのが、問題は分析するためにではなく解決するために自分の前に存在しているという問題解決指向なのである。

特にこの問題解決指向が問われるのが、直面する問題が非常に難解で解決が困難な場合である。人間は目の前の問題が自分の手に余るほどにやっかいだと判ると、ややもするとその問題から目をそむけてしまったり、その問題がいかに複雑で解決することがいかに困難であるかという証明に仕事をすり変えてしまいがちである。

このようなことはプロフェッショナルには決して許されない。むしろこのような時にこそプロフェッショナルの真価が問われる。通常の人であれば逃げ出してしまいたくなるような困難に直面した時にこそ、一流のプロフェッショナルはプライドを賭けて問題解決に真向から挑んでいくのである。

駱駝を針の穴に通すような手術だからこそ一流の外科医は休憩も取らずに一〇時間以上もメスをふるい続けるのだし、訴訟の相手が巨大で強力な組織だからこそ弁護士は社会的に立場の弱い個人を救うためにひるむことなく論陣を張る。問題が難解であればあるほど、解決が困難であればあるほど、冷静にかつ情熱的に、自分の力を信じてその問題に立ち向かうのがプロフェッショナルなのである。

プロフェッショナルにとって、「必ず結果を出す」ということは、必ず問題を解決するということであり、その意味においてプロフェッショナルは自らを「プロブレム　ソルバー（problem solver）」（問題解決者）と呼ぶことがある。問題は分析されるためではなく解決されるために存在するという認識と同じように、自分は問題を解決するために存在しているという自負と自己定義の表れなのである。

†プロセスは関係ない

「結果が全て」という大原則は、プロフェッショナルの仕事を引き受ける時の結果に対するコミットメントと、仕事のプロセスにおける徹底的な問題解決指向を定めていると説明して来たが、この大原則は同時にプロフェッショナルの仕事に対する評価の基準にもなっているのである。

プロフェッショナルは仕事の評価においても、アウトプット　オリエンティドの観点が適用されるのだ。

プロフェッショナルの仕事は、文字通り結果だけで評価される。何日徹夜したとか、どんなに努力したかはもちろん、運が良かったとか悪かったとかも考慮されない。どのようなアウトプットを出したか、即ちクライアントの依頼事項をどれくらい適えることができたかどうかだけが評価の対象となる。プロセスは関係ないのである。

一般企業においても近年は成果主義を採用するところが主流になって来ているが、その徹底度合いにおいてプロフェッショナル　ファームの「結果が全て」は全く次元の違うものである。一般企業では成果主義を採用していても、実際には何らかの形で必ずプロセス評価の要素が織り込まれているものである。どれくらい努力をしたかとか、どれくらい真剣に取り組んだかという観点からの評価を、人事考課や報酬にある程度は反映させているのが通常である。成果主義を謳（うた）いながらも成果の差に対しては僅（わず）かしか開かない評価がつけられ、実質的には努力と取り組み姿勢によって序列が決められているような企業もいまだに少なくない。

これはこれで一面の合理性を持つ。人間は努力を認めてもらえないと安心して仕事に取り組めないし、特に確実に良い結果を出せるかどうか分からないような難しい課題であれば尚更である。また更に、仕事のプロセスも評価の対象になっていると意識させておかないと真剣に業務に取り組むモチベーションも維持しにくいものなのである。成果主義を導入した企業であっても管理職の仕事の大半が部下の仕事のプロセス管理であるのはこうした実態を示すものであり、プロセス管理を丁寧に行うかどうかが組織の生産性と業務の達成度合いを大きく左右するという事実はプロセス評価の合理性を表している。こうした意味においては、人が仕事をすることに対する評価方法としては、通常であれば成果ばかりでなくプロセスの評価も含む方が普通であり、また有効だとも言えるのである。

これに対して、プロフェッショナルの仕事の評価においては「結果が全て」の掟が徹底している。例えばコンサルタントであれば、戦略の仕事であれ組織制度の仕事であれ、クライアントの業績向上や企業価値の増大に寄与したかどうかだけが評価の対象となる。先にも述べたように徹夜したとか膨大なデータ処理をやり遂げたとかが何ら考慮されることがないだけでなく、分析の完成度やコンセプトの斬新さすらも、クライアント　インタレストに寄与しないものであれば評価はゼロである。極論すれば、アウトプットがクライアント　インタレストに寄与しないのであれば、仕事のプロセスで投入したエネルギーも時間も無価値であるし、美しくまとめられたレポートも紙くず同然と見なされてしまうのである。

以上のように、プロフェッショナルはどんなに困難な仕事であっても問題解決指向で臨み、必ず結果を出すことが求められる。しかもどんなに頑張ったとしても結果を出せなければ一片の評価も与えられない。これがアウトプット　オリエンティドが示す、プロフェッショナルが仕事をする上での覚悟と姿勢と評価に関する掟なのである。

プロフェッショナルが一般のサラリーマンと大きく異なる点は、身につけている知識や技術のレベルの高さよりも、むしろこうした厳しさに耐えて仕事を完遂する精神力の強さにあると言えよう。どんなに困難な問題であっても逃げ出さずに常に問題解決指向で立ち向かっていく信念と勇気、そしてプロセス自体は全く評価してもらえないのにもかかわらず必死で努力し続ける強靭な精神力こそがプロフェッショナルの証なのである。

三　クオリティ　コンシャス(品質追求)
——本気で最高を目指す

プロフェッショナルは常に「クオリティ　コンシャス（quality conscious）」（品質追

求）を心がけていなければならない。プロフェッショナルは仕事においてアウトプット、即ちクライアントの問題解決をきちんと行わなければならないのはもちろんであるが、そのアウトプットのレベルの高さとそのアウトプットに至る手法の両面において最高水準の品質を追求しなくてはならない。これが第三の掟である。

例えて言うならば、数学の問題を解く際に解答用紙何枚にもわたって膨大な計算をして答えに辿り着くのではなく、わずか数行の式の展開で華麗に正答を導き出すような仕事が求められるようなものである。プロフェッショナルは必ず結果を出さなければならないというアウトプット　オリエンティドが仕事の必要条件とすれば、クオリティ　コンシャスはプロフェッショナルにとって良い仕事の十分条件と見なすことができよう。

医者であれば、アウトプット　オリエンティドの観点からすると患者の病気を診断するだけでなく、適切な投薬や手術によって病気を治しきってこそ結果を出したことになると説明したが、クオリティ　コンシャスの掟を適用するならばただ病気を治せば良いというだけでなく、より品質の高い治療を目指さなければならないということである。例えば手術をするのであれば、病巣を摘出して傷口を縫合すればそれで良しというのではなく、いかに体に負担がかからないように手術の時間や出血を少なくするか、いかに傷口を小さくして傷跡が目立たないようにするか、いかに回復までの日数を短くし再発のリスクを小さくするか等々の治療の品質までを追求しなければならないということである。

医者における手術の例でも分かるように、品質の高い仕事はクライアント　インタレストに大きく寄与する。プロフェッショナルが追求すべき仕事の品質はクライアントの利益そのものに直結しているのだ。

また更にプロフェッショナルの仕事は元々高度な知識や技術を必要とするものであるが、より高度な知識やより高い技術を追求することによってそのプロフェッショナル個人の職能レベルが向上するだけでなく、そのプロフェッショナルの職能分野における技術とサービスの水準の向上が図られることにもなる。技術が進み、新しいノウハウが開発されることによって、それまでは不可能だった問題解決が可能になるのである。

この意味ではクオリティ　コンシャスは未来のクライアント　インタレストに対する貢献であり、公益への寄与にもつながるのだ。このように仕事の品質のあくなき追求は、目の前のクライアントの利益と将来のクライアントへの貢献を果たすものであるため、プロフェッショナルは常に知識や技術を磨くことが求められ、可能な限り高い品質のアウトプットを追求することが掟として定められているのである。

†考え得る最高の水準

それではプロフェッショナルが実際の仕事において目指すことを求められる品質の水準とはどのようなレベルかというと、ベンチマークとして設定される水準は極めて高い。一言で言うと、考え得る最高の水準、より具体的に言うならば世の中で一番の水準である。トヨタの車が世界最高水準の品質と性能をベンチマークとして設計、製造されるのと同じように、プロフェッショナルは自分が担当する仕事については世の中での最高水準に達していることが求められる。

若いコンサルタントの方達と目指すべき品質水準の高さについて話していて、「日本一のレベル」とか「世界最高水準でなければならない」などと語ってもなかなか真に受けてもらえないことが多い。しかし、一流のプロフェッショナルが設定すべき目標水準は世の中での最高レベルという線引き以外には無いのである。逆にいうと、自分が取り組む仕事に関して、本気で日本一とか世界最高の水準を目指すことができるかどうかが、一流のプロフェッショナルになれるかどうかの大きな境目かもしれない。

筆者がかつて属していたコンサルティング　ファームにおいても、分析やコンセプトが既にどこかの本に載っている内容だったり、学説として既に提唱されているレベルのものであれば高い評価は得られなかった。既に本に載っていることや提唱されている学説を使って分析することはかまわないが、少なくとも分析の結果や提言の内容は自分のオリジナルの成果として世界初であったり世の中での最高水準であることが強く求められた。

実際、コンサルティング　ファームで開発された分析手法が一〇年ほど経てから学会に公表されて有力な学説として定着することも珍しくない。筆者が発案した分析のフレームワークやコンセプトの中にも社会的に承認されてスタンダードとして定着したものがいくつかあるが、こうした貢献ができたのもファームが設定したクオリティ水準が極めて高かったおかげである。

†実力の見せ場

ところでクオリティ　コンシャス、即ちあくなき品質の追求はプロフェッショナルにとってより良い仕事をするための掟であるばかりでなく、自分の実力の見せ場のためでもある。そのためプロフェッショナルはクライアントに対する責務を果たすことに加えて、自らのプライドを賭けてクオリティ追求に挑む。
クオリティに重さがあるのなら一グラムでも重くするために、クオリティに長さがあるのなら一ミリでも長くするために徹底的にこだわり抜く。ほんの少しでもアウトプットのクオリティを上げられる可能性があることには全てチャレンジする。その間徹夜が続いたり何日も職場に泊まり込んだりすることも珍しくないし、場合によってはクライアントから頂いているフィーが許容する限度を超えた費用を投入することもある。

ただしこうした徹底的な品質へのこだわりは、筆者の実感からすると、クオリティ　コンシャスという掟に強制されてというよりも、プロフェッショナルとしての自己実現と自らのプライドのために追求している感じである。一流を目指すプロフェッショナルとしての性（さが）とでも言うべき仕事のスタイルであろう。

自らの職能を頼みに自尊の念で自らを支えて生きていくプロフェッショナルが、自己実現と誇りを賭けて追求するわけであるから、その執着の度合いは強烈である。文字通り、気力と体力の限界まで頑張る。

コンサルティング　ファームの場合、大きなプロジェクトが終わると、メンバーは一週間から二週間の休暇を取るのが一応の通例になっていたのだが、筆者の周りで優雅にバカンスを楽しんでいた同僚はほとんど見たことがない。皆、プロジェクト終了の日程に合わせて南の島やヨーロッパのリゾート地でのんびり過ごす計画を立てて飛行機やホテルの手配を済ませているのだが、最終報告が終わるのと同時に四〇度もの高熱で倒れてしまったり、血尿が出て寝込んでしまったりで、予定通りバカンスを楽しめることは少なかったようである。筆者も体力には自信がある方だったが、それでもファームに在籍していた六年余りの間に四度倒れて入院の憂き目に遭った。

面白いのは、筆者に限らず、高熱も血尿も最終プレゼンテーションが終わった直後に発症することである。最終プレゼンテーションに合わせて疲労の臨界点が来るように、器用に仕事のペースをコントロールしていたわけではない。疲労が臨界点を超えて発症するのではなく、臨界点をとうに超えた過労状態であっても気力が発症を抑制していたのだと思う。人間の精神力の偉大さを身をもって実感させられる経験であった。

公益への奉仕やクライアントへの貢献といった崇高な使命や目的はプロフェッショナルにとってもちろん重要な動機であるが、それに加えてプライドを賭けて自らの実力を誇示しようとする俗なモチベーションがあるからこそ、これほど強烈な執着を持つことができるのだろうと思う。崇高な使命感による動機づけと、自らの実力を誇示したいというモチベーションの双方を束ねて、そのエネルギーを仕事の質の向上に向かわせるのがこのクオリティ　コンシャスという掟なのである。

四　ヴァリュー　ベース（価値主義）——コストは問わない

プロフェッショナルの仕事における行動規範で、一般のサラリーマンと最も大きく異なるのが、「ヴァリュー　ベース（value based）」（価値主義）に基づく行動原則であろう。ヴァリュー　ベースとは、仕事をするのに際してはヴァリューを最大化することを最優先して行動すべしという規範であるが、踏み込んで言うならば、ヴァリューを追求する為にはコストは問わないということまで意味している。

プロフェッショナルの仕事におけるヴァリューとは顧客の利益を実現するためのアウトプットの有効性や質の高さであり、コストとは主として手間と費用である。ヴァリューベースとはプロフェッショナルは自分の仕事の価値をより大きくすることを常に指向し、そのためには決して手間を惜しんではならないし、さらには費用をかけることについても躊躇してはならないという掟である。

例えば、コンサルタントであれば、正確な分析結果を得るためにはどんなに手間のかかる繁雑な計算でも決して嫌がってはならないし、戦略を左右するような重要な仮説の検証のためには多額の費用がかかるデータ収集も怠ってはならない。医者の場合であれば、面倒だからと言って完璧な手術をするための手順を省略することは許されないし、特効薬があるのであれば値段が高くとも迷わずに処方しなければならないというと理解しやすいであろう。

このようにプロフェッショナルの仕事において、手間はもちろん費用も惜しんではならないという考え方が重要なのは、プロフェッショナルにとっては顧客利益を最大限に達成することと自体が仕事の目的だからである。

†ビジネスはコスト ベース

一方、利潤をあげることを目的としてビジネスを行っている一般の企業やサラリーマンにおいてはこうはいかない。コストの観点が重要である。利潤を大きくするためには収入とコストのバランスが大切であり、通常一人一人のサラリーマンが日々仕事をする際にはヴァリューを大きくすること以上にコストを切り詰めることを強く意識させられているものである。

本当にお客様のことを考えるともう一ランク品質の高い材料を使った方が壊れにくくなるのにとか、本当はサービス体制の人員を増やした方がお客様を待たせなくても済むのにとか、顧客の満足度を向上させるための手立てが分かっていてもそのために必要なコストが利潤を圧迫するのであれば、そういった施策は採用されない。会社の業績が悪い時なぞ、とにかく人員を減らせ、新規の投資をするなと、コストを抑えること一辺倒になりがちである。強引に人を減らしたり、投資を止めてしまうと、益々ヴァリュー水準が低下してしまい、顧客離れを引き起こして一層収益を悪化させてしまうことも少なくないのに、こう

いったコスト　ベースでの発想と対策が主流になっているのが実情である。

実際の仕事の場でコスト　ベースとヴァリュー　ベースの仕事の基本スタンスの差が如実に現れるのが、どんな仕事に時間を使うか、どんなコストを削るかの違いである。

例えばコンサルタントであれば、自分が担当している案件において大量のデータ入力や単純集計作業が発生した場合には、費用を支払ってアルバイトにやらせたり、外注に出したりする。そして自分はそうした単純業務から解放された分の時間とエネルギーを、分析の深掘りや斬新な仮説の構築に投入するのである。

もし仮に、アルバイト代や外注費用を節約して自分が徹夜で片付けましたなどというコンサルタントがいたら、彼は確実に厳重注意されるだろう。「君の時間給とアルバイトの時給ではどちらがどれほど高いのか考えてみろ」である。コンサルタントはプロフェッショナルとしてクライアントから高いフィーを頂いているのであるから、自分の時間とエネルギーは可能な限り最も付加価値の高いプロフェッショナル本来の業務に集中投入しなければならないのだ。

一方、一般企業では経費削減の常套（じょうとう）手段としてアルバイトや派遣社員の人数をカットするという対応をするところが多い。その結果、コピー取りやデータの打ち込みといった大量の単純作業を夜遅くまで正社員がやっていたり、一般社員以上に付加価値の高い仕事をしなければならない部長や課長がコピー取りをやっていたりする。そして部長らしい仕事や課長らしい仕事を何もしていないのにアルバイト代を節約したことと、忙しく自分も動き回っていることに充実感を感じていたりするものである。

このように一般企業の社員の行動原則はコスト　ベースが主流であり、最も頻繁に出される指示は「もっとコストを削れ」である。一方プロフェッショナル　ファームでは「もっとヴァリューを出せ」がそれに代わるキーワードである。場合によっては「何故もっと金を使わないのだ」という指導すら現実にしばしば行われる。コストを削ることによってアウトプットの質が落ちたり、クライアントに対するヴァリューが小さくなったりすることは決して許されないことなのだ。そしてプロフェッショナルは、今自分は何をするのがクライアントに対して最も大きなヴァリューを出せるのかを常に意識していなければならないのである。

自社の利潤追求と顧客利益のためのヴァリュー追求というそれぞれ異なった仕事の目的が、一般企業のコスト　ベースの発想とプロフェッショナルのヴァリュー　ベースの発想を規定しているのだ。そしてこの目的と発想の違いが、プロフェッショナルとサラリーマンの仕事における日常の具体的アクションの違いを生んでいるのである。

†贅沢の合理性

ところでヴァリューを生むためにはコストを問わないというヴァリュー ベースの行動原則は、緻密な分析をするとか完璧な手術をするとかいったプロフェッショナル ワークそのもの以外のところでも、プロフェッショナルの行動に大きな特徴をもたらす。

日常的な行動スタイルや経費の使い方における贅沢である。身近な例で言うと、プロフェッショナルは若いうちから一流ホテルに泊まり、グリーン車に乗る。実際筆者も二〇代の時から出張の際はビジネスクラスやグリーン車を使い、宿泊はその町で一番のホテルに泊まっていた。当然、こうした行動スタイルは一般の企業では役員級にのみ許される贅沢であると知っていたし、自分自身でもこのような行動スタイルが奨励されることに少々違和感を感じたりもしたものである。

実は、このような日常行動における贅沢もヴァリュー ベースの行動原則に由来している。つまりプロフェッショナルとして少しでも良い仕事をする為に自分自身が良いコンディションでいることも重要な仕事上の要請であり、そのために有用であるならば経費は全て正当化されるのである。安いビジネスホテルではなく一流ホテルでゆっくり休んだ方が心身のコンディションが良くなるのであれば、それは良い仕事をするために必要な選択であり、プロフェッショナルの行動として妥当性を認められるのだ。

またこうした日常行動における一流指向の贅沢は心身のコンディションという実用の面以外にも、プロフェッショナルにとってメンタルな面でも小さくない効用をもたらす。こうした贅沢な行動スタイルを取ることによって、一流のプロフェッショナルとしての自覚をいやでも強く意識させられるのである。

贅沢をすることによってプライドを保つというのは、お粗末な俗物根性のように聞こえるかもしれないが、若い頃の筆者自身の経験上も、ポジティヴな意味でこうした贅沢の効果は小さくなかったように記憶している。二〇代の頃は東京—大阪間くらい別にグリーン車に乗らなくとも別にたいして疲れもしなかったし、安ホテルの淀んだ空気と腰の抜けたベッドでもぐっすり眠れた。贅沢なぞしなくても元気はつらつでいられたし、グッド コンディションは十分に保つことができた。それでは一流ホテルやグリーン車といった贅沢はプロフェッショナルとして生み出すべきヴァリューに寄与しなかったのかというと、プラスの効果は大変に大きかった実感がある。

若いのにグリーン車に乗らせて貰っている、寝るだけならビジネスホテルで十分なのに一流ホテルに泊めて貰っているという意識が強く心を刺激し、こういう一流の扱いを受けるのに相応しい一流の仕事をしなければという思いに駆られたし、全身全霊を傾けて一流のアウトプットを出さなければという気持ちが高まった。「形から入る」という表現があるが、一流の形、すなわち一流ホテルやグリーン車といった一流の扱いを身に施すことで一流の中身を喚起することも、ヴァリュー　ベースの行動スタイルとして合理性を持つのである。

五　センス　オブ　オーナーシップ（全権意識）——全て決め、全てやり、全て負う

「センス　オブ　オーナーシップ（sense of ownership）」とは、一言で言うならば自分の仕事に対する全権意識である。プロフェッショナルは、自分の仕事に関しては全ての権限を持ち、同時に全ての責任を負っているということである。

プロフェッショナルは自分の手がける仕事に対して、その仕事を引き受けるかどうか、どのようにやるかを自分自身で決めることができるし、また自分自身で決めなければならない。そして当然、自分の仕事は人に頼るのではなく自分自身でやらなければならないし、またその仕事の結果責任は全て自らが負わなければならない。簡潔に言うならば、プロフェッショナルは仕事において、他人をアテにしてはならないという掟である。

†他人をアテにしない

仕事を会社からの業務命令によって決められてしまう通常のサラリーマンに対して、どの仕事をやるのかやらないのかを自分で決められるところがプロフェッショナルの仕事の大きな魅力である。筆者の経験でも、新卒でコンサルティング　ファームに入った初年度から、どのプロジェクトを担当するかについては必ず自分の意思を尊重して貰えた。

例えばアサインメント（案件配属）に際して、「来月から始まるプロジェクトに、証券会社の案件と、食品会社の案件と、エレクトロニクス企業の案件があるんだが、君はどのプロジェクトに入りたいか」と聞いてくれる。

「業種としては証券業と食品分野に興味があります。それぞれコンサルティングのテーマは何ですか」

「証券会社の方は海外戦略と組織設計、食品会社の方はマーケティング戦略が中心だ」

「では食品会社の方を担当させて下さい。消費財のマーケティングに興味があります」

「分かった。ではその方向で調整しよう。キックオフは来月一日、期間は当面六ヶ月だ」

という具合である。またこうした場合でも、自分でやってみたいと思う分野やテーマが無ければ、自分のチャレンジの機会を一つ見送る覚悟さえあれば、全ての選択肢を断ることも認められていた。徒弟制の組織風土のファームにあって、駆け出しの新人にまで本人の意思を尊重してくれたことは、驚きの経験としてよく覚えている。

ただし、自分の仕事を自分で決定する権限を持つということは、当然のことながらそれと引き換えに重い義務を負わされることでもある。通常の当事者意識を超えたレベルでの全権意識、これがプロフェッショナルが自分の仕事に対してとるべき関与のスタンスである。何をやるのか、どうやるのかについて全て自分で決め、全て自分でやり、全て自分が責任を負うという関与のスタンス、即ちこれがセンス　オブ　オーナーシップなのである。

全て自分で決めることができて、全て自分の思うようにやって良いというのは、一聞すると大変自由で気分の良いルールに思えるかもしれないが、実態はむしろ逆である。難題にチャレンジして必ず結果を出さなければならないプロフェッショナルの仕事においては、センス　オブ　オーナーシップは大変厳しい掟なのである。

プロフェッショナルの仕事は、コンサルタントにしても弁護士にしても医者にしても、膨大な知識と高度な技術が必要である。しかも結果責任は極めて重い。自分の判断のたった一つのミスがクライアントに重大なダメージを与えてしまうことも珍しくない。コンサルタントであればクライアントに何十億円もの損害を与えてしまうかもしれないし、医者であれば患者の命にかかわることもあるかもしれない。このように難易度が高くしかも責任の重い仕事を担当する時に、自分で決めて自由にやって良いというルールは、実質的には他人に頼るな、一人で悩め、という形で働く。

もちろんシニアのメンバーに助言を求めることは認められてはいるが、事ある毎にアドバイスを求めてばかりいると「彼は一人でやり抜く姿勢と能力に欠けている」というプロフェッショナルとしては致命的な烙印(らくいん)を押されてしまうことになる。クライアントのためにより良い成果を出そうとして助言を求めても、その度合いが多過ぎるとセンス　オブオーナーシップがないと見なされてしまうし、かと言って有効なアウトプットを出せなければ当然能力の面で失格である。プロフェッショナルは、重い責任を一人で背負いながらも他人の力をアテにすることなく、自らの判断と自らの能力を信じて、こうした緊張感の中で確実に成果を出していかなければならないのである。

†認定の十分条件

このような仕事のプロセスにおけるプロフェッショナル独特のマネジメント　スタイルがセルフ　マネジメントである。

何をやるのか、どうやるのかを自分で判断し、自分で動く。その際、他人にチェックされたり、管理されたりすることもない。やっていることが妥当かどうかのチェックがないだけでなくて、真面目にやっているかどうか、サボってはいないかというプロセス面でのチェックもないのである。

良いアウトプットを出すために全力で最善の努力ができているかどうかのチェックと管理をするのは、自分自身である。そこには自分の仕事に対して目を光らせている上司はいない。それでも自分自身のことであるから、全力で取り組んでいるかどうかについては、胸に手を当ててみれば分かる。しかし最善のことがやれているかどうかについては、自分自身では確信が持てない。このようになかなか確信が持てない中でのセルフ　マネジメントは大変なプレッシャーであり、このプレッシャーに耐えて一人で頑張り抜く精神力がプロフェッショナルの重要な資質なのである。

その意味においてセンス　オブ　オーナーシップを身につけているかどうかは、プロフェッショナルとして一人前と認められるための最も重要な認定基準でもある。

プロフェッショナルはどのような職種にせよ、高度な知識や技術を身につけていなければならないが、知識や技術は一人前のプロフェショナルとして認められるための必要条件でしかない。本当のプロフェッショナルとして承認されるためには、五つの掟としてここまでに紹介した規範や行動スタイルがプロフェッショナルの十分条件として厳しく問われることになる。この十分条件のうちで一人前のプロフェッショナルとして認定されるために最も厳しくチェックされるのがセルフ　マネジメントの能力とセンス　オブ　オーナーシップの自覚である。

プロフェッショナルと同等以上の知識や技術を持つ人材は、一般のサラリーマンの中にも少なくない。どんなに高度な知識や技術を習得していて、しかも公益や顧客に貢献しようとする志があったとしても、それだけでは一人前のプロフェッショナルとは認められない。

彼らとプロフェッショナルとの違いは、他人から命ぜられなくても自分がやることを自分で決めることができ、自らを厳しく律して最善の努力をし、結果に対して全ての責任を負う覚悟があるかどうかである。プロフェッショナルのプロフェッショナルたる所以は、センス　オブ　オーナーシップに基づく自己完結性にあるのである。

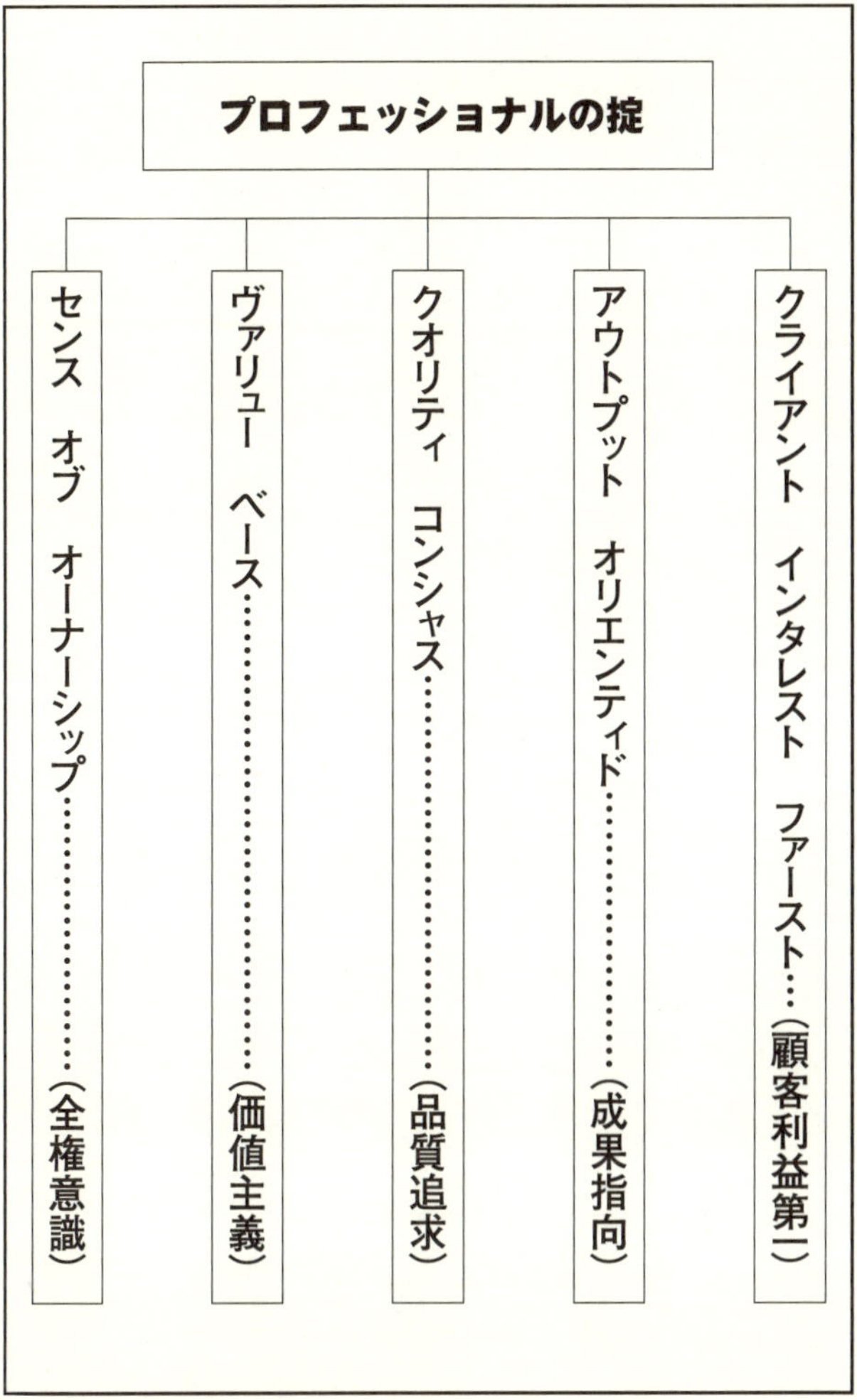

プロフェッショナルの掟

- クライアント　インタレスト　ファースト……(顧客利益第一)
- アウトプット　オリエンティド……(成果指向)
- クオリティ　コンシャス……(品質追求)
- ヴァリュー　ベース……(価値主義)
- センス　オブ　オーナーシップ……(全権意識)

第三章　プロフェッショナルのルールと組織

前章まで、プロフェッショナルの定義や職業人としての要件を示した上で、仕事において守らなければならない規範や価値基準をプロフェッショナルの掟として紹介、説明して来た。これらの定義や掟だけでも、プロフェッショナルの仕事のスタイルが、利益を追求することを目的として活動している一般の企業人とは大きく異なっていることは容易に想像がつくであろう。

職業人としての要件や本来的な仕事の目的が大きく異なっているのであるから当然のことではあるが、プロフェッショナルの仕事のスタイルは、仕事の取り方から契約の形態、報酬の設定の仕方に至るまで様々な面において、通常のビジネスとは大きく異なっている。

また組織や集団の作り方も違う。プロフェッショナルは基本的には個人ベースの仕事であるが、より効率的に仕事をするためにファーム（firm）と呼ばれる会社的な組織集団を形成することもある。このファームという組織にもまた一般の会社（company, corporation）とは異なった独特のしくみと運営ルールがある。

プロフェッショナル独特の仕事のルールや特有の組織形態はプロフェッショナルの要件や本質が具体化されて形になったものであるが、こうした独特のルールや組織について知ることはプロフェッショナルという職業についてより深く理解する上で大きな参考になるはずである。本章では、プロフェッショナルの掟と同様に一般では意外に知られていないプロフェッショナル独特の仕事のルールや組織について説明していこう。

一　固有のルール

プロフェッショナルの仕事のスタイルは、仕事の取り方や契約形態、報酬の設定方法に至るまで、独特のルールがあると書いたが、最も特徴的なものはどのようにして仕事を取るのかという営業のルールと、仕事を引き受ける際のフィー（報酬）設定のルールである。どちらもこれまでに紹介したプロフェッショナルの本分と掟を反映したものであり、顧客の利益とひいては公益につながる工夫が込められたものである。

①営業のルール

プロフェッショナルの世界の独特のルールの中でも最も特徴的なものが、どのようにして仕事を取るかという営業のルールである。端的に言うならば、プロフェッショナルは営業をしてはならないのである。では何故営業をしてはならないのか、そしてどういう場合に仕事が発生し、成立するのかについて、顧客との正しい関係のあり方から順に説明していこう。

†クライアントはカスタマーではない

プロフェッショナルは顧客との関係のあり方が、不特定多数の相手を顧客として仕事をしている通常のビジネスとは大きく異なっている。プロフェッショナルと顧客との関係は、一言で言うと、対等の関係である。お客様はプロフェッショナルにとって神様ではないし、さりとてプロフェッショナルは自分が〝先生〟として顧客を下に見ているわけでもない。プロフェッショナルと顧客は対等の関係として共同で問題解決に挑むパートナーとしての立場で仕事が行われるのである。

プロフェッショナルの仕事は顧客が抱える重大な問題を自分の知識と技術を提供して解決することであり、両者の歩調が合ってはじめて成功するものである。医者が一人相撲で頑張っても患者本人に病気を治したいという意欲がなければ治癒しないし、弁護士がいかに緻密な論理を組み立てようとも依頼人が隠し事をしていると勝訴はおぼつかない。プロフェッショナルと顧客の間には強い信頼関係と共同意識が不可欠で、そのためにはどちらが上でも下でもない対等の関係が最も合理的なのである。

そしてプロフェッショナルは顧客のことを自分が提供するサービスをお金で買ってくれる単なるお客様とは見なしていないこともあって、カスタマー（customer）という言葉は使わない。プロフェッショナルは自分が問題解決の仕事をする相手を、「クライアント（client）」（依頼人）と呼ぶ。実際にわが国のプロフェッショナル業界で使われている言葉を見てみても、コンサルタントや会計士ではクライアント、弁護士では依頼人、医者では患者、建築家では施主あるいは依頼主というように、どの業界においても客とかお客様と呼ぶことはない。

†営業はしない

そしてまた、この点がプロフェッショナルの仕事のルールの中でも最も特徴的だと思われるのだが、プロフェッショナルは仕事を取るための営業をしてはならない。

依頼人という呼称がプロフェッショナルの仕事の特殊性を象徴しているように、プロフェッショナルの仕事はクライアントからの依頼があってはじめて発生するものなのである。つまり自ら売り込んだり営業活動を行ってはならない。広告宣伝も禁止である。

何故ならば、プロフェッショナルの仕事の本分は公益への寄与であり、自らの収益を追求することではない。従って収益を増大させるための行為である営業活動は行わないのである。病気の治療にせよ、訴訟にせよ、その問題を抱えている当人から頼まれて、その依頼に応える形で仕事を引き受けるのが原則である。

しかも依頼された案件を全て引き受けるわけでもない。全ての人を差別することなく治療する使命を負っている医者だけは患者を拒否する権利を持たないが、弁護士にしても建築家にしてもコンサルタントにしても、依頼された内容に対して自分がクライアントを十分満足させられる成果を出せると確信が持てる場合にのみ、その案件を引き受ける。医者だけは例外と言ったが、医者の場合であっても、自分が得意としない手術が必要な場合や、必ずしも自分が詳しくない病気については、その旨を患者に告げた上で最も適任と思われる別の医者を紹介することになっているので、原則的には他のプロフェッショナルと同じルールである。

プロフェッショナルが依頼された案件を引き受けるかどうかの判断基準に置いているのは、依頼人の抱える問題をきちんと解決することが自分に可能かどうかという一点であり、ひいては自分がその案件によって社会に貢献し得ることができるかどうかというプロフェッショナルの本分につながっている。プロフェッショナルの仕事の目的も、依頼された案件を引き受けるかどうかの判断基準も、共にクライアントへの貢献であって、決して自分の利益ではない。間違ってもその案件によって自分がどれくらい儲けられるのかという観点を判断基準にしてはならない。もしも、儲けられるかどうかの観点を優先して仕事を選り好みしている者がいたとすれば、医師免許を持っていようが、弁護士資格を持っていようが、彼は真のプロフェッショナルとは呼べない。

このように、営業をしないとか全ての依頼を受けるわけではないとかいった仕事のルールは、公益への奉仕というプロフェッショナルの本質が現実的かつ具体的な形として表れている最たるものである。どれほど高度な知識や技術を持っていても、その能力を自らの儲けのために使っていては公益に結びつかないのである。

心底困って途方に暮れている依頼人の弱みにつけ込んで法外なフィーをふっかけたり、不必要な手立てまで上乗せしてフィーを稼いだりなどという事態は、依頼人が専門知識を持っていないが故にプロフェッショナルの思惑一つで容易に実現してしまう。例えば、適性水準を超えた人数の患者をかき集めて手抜き診療をしたり、不要な検査や必要以上の薬を処方したりする不正医療の話は、まさにこの弊害の典型であろう。

②報酬のルール

金儲けを仕事の目的にしてはならないというポイントは、プロフェッショナルという職業の最も特徴的な側面なのであるが、しかしだからと言ってプロフェッショナルが無料奉仕同然で仕事を行い、食うや食わずの生活しか営めないというのも公益の観点からして適切ではない。生活に余裕がないと、知識や技術を一層磨いてより高い職能を習得するゆとりがなくなってしまうし、公益に寄与するために全力を尽くそうという使命感や自尊の念を維持するのも困難になる。

またさらに、プロフェッショナルの生活があまりにも貧乏だったら、社会にとって極めて重要な役割を担っている医者や弁護士といったプロフェッショナルを目指す人が減ってしまうことにもなるであろう。従ってプロフェッショナルという職業を社会的に最も有効な形で機能させるためにも、プロフェッショナルの報酬をどのようなルールで、どのような水準に設定するのかというのは極めて重要な問題なのである。

プロフェッショナルの仕事は自分の利益を追い求めることを目的にしていないので営業行為は行わないと説明したが、プロフェッショナルが仕事を引き受ける際の報酬の設定の仕方も通常のビジネスとは異なっている。プロフェッショナルの仕事は報酬の設定の仕方にもプロフェッショナル独特の理念や規範が込められているのである。

†パーディアム方式

プロフェッショナルがクライアントから得る報酬は、パーディアム（per diem）に基づいて計算される。パーディアムとは簡単に言うと、一日当りの報酬金額、すなわち日当である。

プロフェッショナルは依頼された案件をこなすのにどれくらいの日数がかかりそうかを予測して、自分のパーディアムにその日数を乗じてその案件の報酬額を決める。パーディアム二〇万円の弁護士が一〇日間かかる案件の報酬額は二〇〇万円、パーディアム一〇万円の弁護士が五日間でできる案件ならばその報酬額は五〇万円、という具合である。

ここでも医者は例外で、医者については現在は保険診療制度の下で一つ一つの医療行為毎に報酬が定められており、保険を使わない自由診療以外は誰がやっても同額の報酬ということになっている。また建築家の場合もパーディアム　ベースではなく、建物の総工費の何パーセントという計算方式を採っている場合が多いようである。それ以外のプロフェッショナル、弁護士、会計士、コンサルタント等は、フィーの設定はパーディアム方式によって計算する。

†技量の証、プライドの根拠

ところでこのパーディアムは、プロフェッショナルにとって命のように大切なものである。何故ならば、パーディアムはプロフェッショナルにとって自分の収入を決定する経済的指標であるばかりでなく、自分の技量とプロフェッショナルの世界における自分の格付けを端的に示すものだからである。

そしてプロフェッショナルの意識の中では経済的指標としての側面よりも、むしろプロフェッショナルの格付けを表す指標としての面に強いこだわりを持っている。極端に言えば、自分の年収が二〇〇〇万円であってもパーディアム二〇万円のコンサルタントとして見なされるよりも、年収は一〇〇〇万円しかなくともパーディアム五〇万円と格付けされる方が遥かに嬉しいと感じる者が多い。パーディアムとは、プロフェッショナルの技量の証であり、プライドの根拠なのである。

現在の日本における実際のパーディアムの金額についても大まかなところを紹介しておくと、弁護士でもコンサルタントでも一日当たり下は五万円程度、上は一〇〇万円程度というのが相場である。つまり同じ弁護士でも、あるいは同じコンサルタントでも、上下で二〇倍くらいの格差があるのである。

このパーディアムの金額は、基本的にはその当人が一日働くことによって生み出すことができる価値によって決まる。従って原則論的に考えるならば、パーディアム一〇万円のコンサルタントが一〇日間かかる仕事を、パーディアム一〇〇万円のコンサルタントであれば一日でやり遂げてしまうということになる。

実際、プロフェッショナルの世界の技量の格差は非常に大きい。現実的には二〇倍というパーディアムの格差以上に技量の格差の方がより大きいほどである。

例えば、インターンを終えたばかりの医者と神の手と称されるほどの斯界（しかい）の第一人者では、特に難易度が高いとされる心臓や脳の手術の場合などその成功率の差は一〇倍とか二〇倍というレベルを遥かに超えるであろう。筆者が身を置いているコンサルティングの世界を振り返ってみても、経験の浅い者だと一ヶ月を費やしても正しい答えを出せないような問題でも、一流のコンサルタントであればたったの一時間で明快に答えを示せるようなケースも珍しくない。

プロフェッショナルの世界とは、同じ資格、同じ肩書きであっても、これほどまでに技量の格差が大きいものなのである。だからこそプロフェッショナルは自らの技量の格付けを意味するパーディアムに強くこだわるのである。

†値引きはしない

このようにパーディアムはプロフェッショナルが強いこだわりを持つ自分自身の格付けであるので、そのパーディアムを基準にしてなされる仕事のフィー（報酬）の設定にも独特のスタイルがみられる。

例えば、フィーを値引きしてまで仕事を取ろうとするのは、自分の誇りを値引きするようなものであり、また営業行為的ニュアンスが含まれることでもあるため、プロフェッショナルは原則的には一切フィーの値引きはしない。通常のビジネスでは当然のことである価格交渉のかけひきも、プロフェッショナルにとっては卑しい行為だという認識を持つ者も少なくない。

とはいえ、依頼人のフィーの支払い能力が不十分であっても彼が抱えている問題の内容や事情によってはどうしても力を貸してあげたいと思う場合もある。そのような場合、誇り高いプロフェッショナルは中途半端な値引きをするのではなく無料でやることが多い。パーディアムを値引きすることは、プロフェッショナルとして自らの格と価値をおとしめる行為であり、そんなことをするくらいならフィーを取らないで公益に寄与することを選ぶのである。

またこれと同じように、実際に案件を始めてみると依頼を受けた時点で予測した必要日数を大幅に超過してしまうケースも稀ではない。当初一ヶ月で完了すると読んで手掛けた案件が、実際にやってみると二ヶ月もかかってしまったというようなケースである。

このような場合、追加のフィーは請求しないのが原則である。依頼時におけるクライアントからの事情説明に大きな落ち度があった場合はその限りではないが、プロフェッショナルの側の予測違いは完全に自己責任であるし、途中で突発事情が発生したことによって必要日数が伸びた場合でも、当初設定したフィーでその案件をやり遂げるのがプロフェッショナルのスタイルである。

依頼された案件を遂行するためには、どのような手立てが最も有効で、そのためには何日くらい日数を必要とするのかを的確に見通すことは、プロフェッショナルが身につけなければならない大切な能力の一つであり、しかもクライアントが負担しなければならないフィーをなるべく軽くすることも大切な条件である。

医者は患者の病気をただ治しさえすれば良いというものではなくて、なるべく短い期間で患者の苦痛を最小限にして、副作用のリスクを抑えて、しかもなるべく安い治療費で治すのが名医なのである。こうした最初の診立てにもそのプロフェッショナルの技量が如実に現れる。技量の未熟な者ほど、いくつかある選択肢のうちのどの手立てが最も有効なのか、そしてどれくらいの手間と日数がかかるのかを見誤ることが多い。その見誤りの責任を追加のフィーという形でクライアントに負担させることは、プロフェッショナルとしてあってはならないことなのである。

†成功報酬の禁止

以上がプロフェッショナルのフィーの設定の原則であるが、このパーディアム方式は実は同時に報酬に関するもう一つの大きな原則を示唆している。成功報酬方式の禁止である。

この手術が上手くいって完治したら一億円下さい。後遺症が残ってしまったら一〇〇〇万円。もし手術が失敗したら無料で結構です。などというような成功報酬型のフィー契約は、プロフェッショナルは原則的には禁じられている。成果が出た場合には正規のフィーを取る代わりに、成果が出なかった場合には報酬を辞退するという成功報酬型のフィー設定は一聞すると、クライアントの利益に合致した成果主義型の公正な報酬規定に思われるかもしれないが、実はそうではない。

成功報酬型のフィー契約は商業主義的であるばかりでなく、むしろ無責任な報酬方式とすら言えるのだ。クライアントがプロフェッショナルに依頼してくる問題はほぼ間違いなくそのクライアントにとって極めて深刻重大な問題であり、その深刻さにつけ込んでプロフェッショナルが成功した場合の条件として高額なフィーを設定してしまってもクライアント側は受け入れざるを得ないことになりがちである。その意味では成功報酬型のフィー設定は商業主義的な性格を持つと言えよう。

またプロフェッショナルはクライアントからの依頼に対して、上手くいったら良いけれどダメだったらゴメンナサイなどという安易な姿勢では決して仕事を引き受けてはならないということも重要なポイントである。プロフェッショナルが仕事を引き受けるということは、クライアントにとっては実質的にその問題は解決したのも同然であると思ってもらえるほどの確実性と責任感が必要なのである。

その意味では成功報酬型のフィー契約というのは、当初から成功しない場合もあり得ることをプロフェッショナル自らが想定しているわけであるから、プロフェッショナルが保証すべき仕事完遂の責任感が不十分だと見なされるのである。つまり失敗したら報酬は不要ですというのは、一見顧客利益指向に感じるかもしれないが、プロフェッショナリズムの観点からはむしろ無責任な条件設定だと解釈されるのである。

補足しておくと、この原則にも例外はある。弁護士の訴訟案件である。弁護士の訴訟案件のフィーは成功報酬型になっているのが普通であるが、これは弁護士がより高額の報酬を欲しがって設定しているわけではない。むしろ依頼人側の便宜を図るための設定方式である。

訴訟においては、勝訴と敗訴では依頼人が手にすることができる経済的成果が大きく異なることが多い。訴訟に勝つことができれば一〇〇〇万円を手にすることができるけれど、負けてしまうと一円も得られない上に弁護士費用の分だけ持ち出しになってしまうというようなケースが通常である。このようなケースの場合、特に依頼人が経済的に余裕がない場合だと、万一敗訴してしまった場合の金銭的負担を心配して高額の弁護士報酬が必要になるような手厚い弁護を依頼することに躊躇してしまいがちである。しかしかと言って少額のフィーで済むような最低限の弁護しか依頼できないとなると、ますます敗訴の確率が高くなってしまう。こうした勝訴敗訴の格差のリスクを補い、経済的弱者であっても適切で十分な弁護士のサービスを受けられるように設定されているのが、訴訟案件における成功報酬型のフィー設定なのである。

ちなみに弁護士の仕事でも、法人間の契約交渉の代理人業務や複雑な契約書作成の業務では、当然パーディアム　ベースのフィー設定が採用されている。

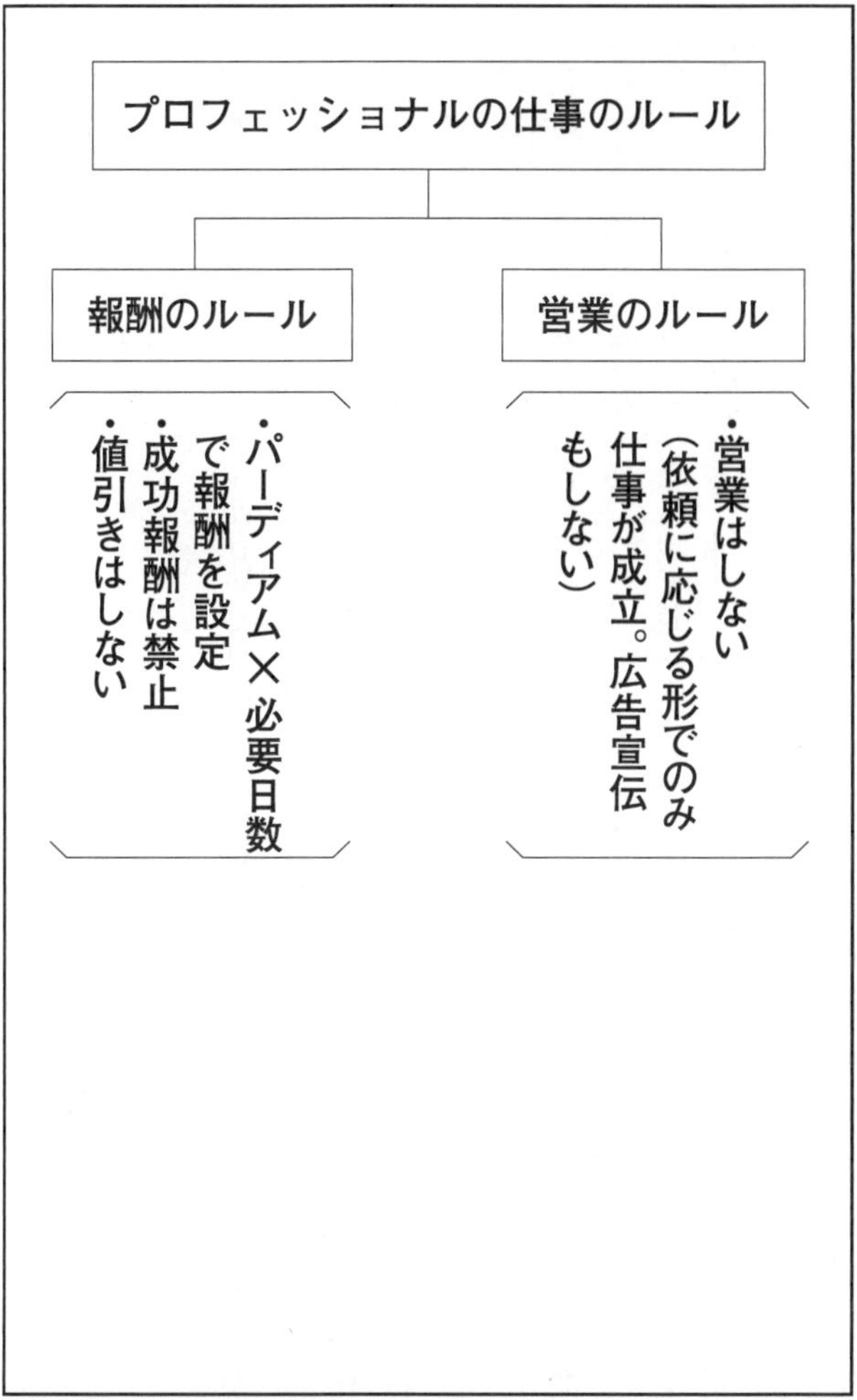

プロフェッショナルの仕事のルール

報酬のルール

・パーディアム×必要日数で報酬を設定
・成功報酬は禁止
・値引きはしない

営業のルール

・営業はしない（依頼に応じる形でのみ仕事が成立。広告宣伝もしない）

二　ギルドとファーム

　ここまでプロフェッショナルが仕事を行う上での独特のルールについて説明して来たが、次にプロフェッショナル業界特有の組織形態について説明しよう。

　プロフェッショナルは基本的にはインディペンデントな個人ベースの仕事であるが、仕事を行う上でのメリットを求めて組織を形成することもある。どのような仕事も一人で行うよりは、組織化した方が分業と協働のメリットを享受できるため大きな仕事を効率的にこなすことが可能になる。またプロフェッショナルも現実的には政治や制度によって動く社会の中の一員であるため、自分達の仕事を行いやすくするためや自分達の主張を社会的に実現するためにも集団化の必要性とメリットが存在するのである。

　従ってプロフェッショナルも組織を形成するのであるが、プロフェッショナルが形成する組織には大きく分けて二種類ある。一つは協会（association）、一つはファーム（firm）である。

①ギルドの機能

協会とは、同業のプロフェッショナルを会員として構成される協同組合的組織で、かつてのギルドである。医者であれば各地の医師会、弁護士であればやはり各地域毎に設置されている弁護士会がそれに当たる。協会の機能は主として、資格の認定及び品質の監督、そして権益の確保である。

†認定と監督

ギルド／協会の機能として、まずプロフェッショナルの生命線とでも言うべき資格の認定機能について説明しよう。

プロフェッショナルな職業は全て高度な知識や技術を身につけていなければならないが、その知識や技術の水準が一人前のプロフェッショナルとして認められるものかどうかの判別が大変重要である。その認定によって、医者であれば人の生命を左右する診断や手術を行う権利が与えられ、弁護士であれば神聖な法廷に立って社会の正義を決する弁論を行う権利を持つ。このように社会的に重大な役割を担う職業であるから、プロフェッショナルの資格の付与は社会的にも極めて重大な事項である。

しかしプロフェッショナルの知識や技術は一般の人々には判定が下せないほど高度なものであるが故に、その人の知識や技術の水準が一人前のプロフェッショナルとして認められるレベルに達しているのかどうかを判断することは極めて難しい。そこでその職能の集団であるギルドが、プロフェッショナルを目指す者を試験し、判定して、資格を与える機能を担って来たという歴史的経緯がある。職人の親方が弟子を一人前と認めたり、のれん分けを許したりするのと同じ機能である。

この資格の認定機能はプロフェッショナルの使命である公益への貢献という観点からも重要な機能であり、かつてのギルドが果していた最大の社会的機能であったが、現在では重要なプロフェッショナルな職業の資格は国家試験によって国家が付与するのが普通になっている。

とはいえ、協会が各プロフェッショナルに対して保持する拘束力は今も決して弱いものではない。医者も弁護士も資格自体は国家試験によって国家から付与されるが、実際の活動は医師会や弁護士会に登録してはじめて実質的に仕事をすることができる。特に、どこかの弁護士会への登録がないと弁護士は現実的な営業が行えないほど弁護士会は強い拘束力を持っている。

その意味では、資格付与の権限自体は国家に移ったが、現在の協会はその代わりに営業権を付与する権限を持つことによって、実質的にはかつてのギルドと同等の機能と権限を保持していると言えよう。

専門の国家試験が不要なプロフェッショナルとしては経営コンサルタントが挙げられるが、アメリカやイギリスにおいてはかつてのギルドと同様にアメリカ経営コンサルティング協会、イギリス経営コンサルティング協会の認定を得てはじめて経営コンサルティングの仕事を行うことができるようになっている。日本では経営コンサルティングの歴史が浅いため、業界全体を統括する強力な協会がいまだ成立しておらず、経営コンサルタントの公的資格もまだ正式には定められていない。日本においてはプロフェッショナリズムが最も真剣に語られるのがコンサルティング業界である一方、社会的地位と資格の観点からは経営コンサルタントはまだ半人前のポジションでしかないのである。

次にギルド／協会の機能としてプロフェッショナル各人に対する監督機能について説明しよう。

プロフェッショナルは一度資格を得てしまうと仕事に関する自己決定権を有しているため、各自が勝手な基準で仕事を行ってしまうことになりがちで、その結果サービスの品質水準が乱れてしまう可能性がある。万一手抜きサービスが横行したりすると、業界全体の評判と信頼を落としてしまう。よって、こういった事態にならないよう、社会に対して公正で適切なサービスを提供するためにギルド／協会は全員の仕事ぶりを監督する機能を持っているのである。

またプロフェッショナルな職業は社会的にもそれなりのステイタスと特権を与えられている一方で、一般社会の人々から全人格的に厳しい評価に曝されているのも事実である。一般の人であれば大した問題にはされないような過ちや不品行も、プロフェッショナルの場合だと厳しく批判されてしまうことも珍しくない。従って仕事の面ばかりでなく、日常生活の素行や態度についてもプロフェッショナルらしい品位と公正さを求められる。協会はこの面でも各人を監督する。

以上のように業界としての品質水準を維持して公益性に寄与することを図りながら、業界自体の信頼を維持するために、ギルド／協会はプロフェッショナル各人を監督し指導し、場合によっては制裁まで行うのである。

例えば、医療事故を起こした医者や不当な行為を行った弁護士に対して、国家資格の停止に至る以前の段階で協会からの警告や登録取消しという制裁措置を発動することがある。国家資格の停止や剝奪はかなりハードルが高い制裁であるため、迅速で柔軟な対処が難しいが、自主的団体である協会からの制裁措置であれば柔軟にかつ機動的に発動することができる。協会による警告や制裁は、先に説明したように協会はプロフェッショナル各人の実質的営業権を握っているため、協会に登録している各人に対する拘束力や強制力はかなり強力なものとなっているのである。

†権益の確保

ギルド／協会が持つもう一つの機能は、業界の権益の確保である。資格の認定、品質の監督という先の機能が公益の実現に強く結びついているものであったのに対して、権益の確保は自分達の利権を守るための機能である。例えば医師会が保険診療制度や薬価の改定に政治的圧力をかけたり、会計士が企業の会計監査の対象範囲を広げようと政策提言をしたりするのが典型である。

中世の頃より社会的に重要な機能を担っていたプロフェッショナル集団は、ギルドを形成し公正な資格の認定やサービス水準の監督によって公益への貢献に協力した代わりに、国王や教会から様々な特権を得て来た。その最たるものが排他的営業権である。排他的営業権とは、そのギルドのメンバーになっている者のみにその職種の営業が公的に認められるというものである。その意味では現在の国家資格と同等の効力を持つ特権であった。またその延長として、報酬規定や税金に関する経済的な特権も得ていた。こうした特権を得るための交渉には場合によっては資金力が必要であり、また場合によっては一糸乱れぬ統制のとれた動きが不可欠で、その機能を司ったのがプロフェッショナル各人を束ねて組織化したギルド（協会）なのである。

以上、三つの機能について説明したが、現在プロフェッショナルが形成する協会という組織は、かつてのギルドと同様に、プロフェッショナルの活動における公益性、公正性の保持を図ることと自らの権益を確保することの両面において、社会的、経済的基盤を支えているものなのである。

ところで、業界の秩序と権益を守るための協会は、プロフェッショナル以外の業界においても存在する。自動車業界における自動車工業会、ビール業界におけるビール酒造組合という具合に、現在では職人やプロフェッショナルの世界だけでなく様々な分野で業界団体として協会が設立され、業界の秩序と権益の確保のために運営されている。

これは元来職人とプロフェッショナルの世界の独特の組織形態であったギルド／協会が持つ機能の有用性と合理性が認められて、広く一般に採用されたためだと考えられる。

②ファームのしくみ

プロフェッショナルが形成する二つの組織のうち、ギルド／協会の方は他の一般の産業分野でも見られるものではあるが、プロフェッショナルが作るもう一つの組織であるファーム（firm）の方はプロフェッショナル業界独特の組織形態である。

協会が業界の秩序と権益を守るための業界団体であったのに対し、ファームはプロフェッショナルが自分達の仕事を効率的に行うために作る事務所組織のようなものである。弁護士事務所であればロー　ファーム（law firm）、会計士事務所であればアカウンティング　ファーム（accounting firm）、コンサルタント事務所であればコンサルティング　ファーム（consulting firm）と言う。

ちなみに代表的なプロフェッショナルの中では医者と建築家についてはファームという言葉は使わない。個人経営の医者はクリニック（clinic）、建築家の設計事務所はアトリエ（atelier）という言葉を使っている。

いずれにせよ通常のビジネスを行う会社（company, corporation）とは異なった呼び名を使う組織であるから、組織の形態にも組織運営のルールにも普通の会社とは違ったファーム独特の特徴がある。

†パートナー制

まずファームの組織形態の特徴であるが、ファームは原則的にはパートナー制である。パートナー制とは、複数のプロフェッショナルが資本を出し合って仕事をするための事務所組織であるファームを設立し、ファームの運営方針はその資本を出したパートナー達の合議制によって決まるというものである。

近代的な企業の組織形態では出資者である株主と企業運営の意思決定を司る経営者が分離していることが特徴であるが、プロフェッショナル　ファームでは出資者イコール経営者ということになる。ファームを設立するのに際して出資金は全て自分達で賄い、外部から株主を募っての資金調達は行わないことが重要な意味を持つ。プロフェッショナルの仕事は大規模な工場を建てたり大量の商品を仕入れたりする必要がないため、自分達だけでは賄えないほどの大規模な資本を必要としないということもあるが、それ以上にファームの経営に関して外部の資本家に口を出させないことが重要なのである。

繰り返し述べて来たことだが、プロフェッショナルは自分の利益を追求するために仕事をしているのではない。自分が持つ高度な職能を社会のために役立てて公益に奉仕することが仕事の目的である。このプロフェッショナルの本分を踏まえると、利潤を得ることを目的に投資を行う株主の資本を導入してファームを設立することは、大きな矛盾を抱え込むことになる。資本家の動機は利潤を上げることであり、プロフェッショナルの目的は公益への奉仕であるから、組織設立の根幹のところで上手く調和させることが難しい相反する動機を抱え込んでしまうことになるのである。

そのためプロフェッショナル　ファームはプロフェッショナルの資格を持ち、そのファームの一員として自ら働くパートナーにのみ出資を認めている。またパートナーもファームから独立したり老齢を迎えてリタイアしたりと、ファームを去る際には出資金を引き上げなければならない。通常はこうした場合には残ったパートナー達が去っていくパートナーの持ち分を買い取るルールになっている。

また、パートナー制という組織形態には、プロフェッショナルという職業の特性を反映した大きな特徴がもう一つ存在する。意思決定の方式である。

通常の会社の意思決定は取締役会においても、株主総会においても共に多数決が採られている。これに対して、ファームにおいては合議制によるコンセンサスに基づいて決められるのが原則である。

一般のビジネスでは迅速な意思決定が求められるため、決着のつかない議論を延々と続けていてはビジネスのチャンスを逃してしまいかねないので多数決制が採られている。一方、プロフェッショナルは一人一人がインディペンデントに独立して仕事をすることが可能であるため、コンセンサスを重視しなければ容易に組織が分解してしまう。一人一人が一国一城の主になり得るだけの職能と資格を有している者ばかりであるから、どうしても自分の意にそぐわない内容の意思決定を強行するようなことがあると、比較的簡単にファームを離脱してしまうのである。従ってファームがなるべく強い結束を保って組織を維持することができるように、組織が割れてしまうリスクの高い多数決制を採らずに合議制を採用しているのである。

次にファームの組織構成について説明しておこう。

ファームは出資者兼意思決定者であるパートナーの他に、アソシエイトとジュニアという二つの職階がある。

アソシエイトというのは一人前のプロフェッショナルとして認められた身分ではあるが、パートナーとは違ってファームの運営には関与できない職階である。医者や弁護士でいえば、国家試験に合格し、実習期間・修習期間を終えて正式な免許資格を有している人達である。ジュニアはプロフェッショナルを目指して修業をしているが、まだ一人前としては認められていない職階である。医者で言えば、インターン、弁護士で言えば司法修習生、会計士なら会計士補、コンサルタントならアナリストあるいはリサーチャーである。

ちなみにプロフェッショナルを三つに分けるこの階層区分は、親方、職人、見習いという昔のギルドの階層構成と全く同様である。

†リベラルな空気と徒弟制

このようにファームはパートナー、アソシエイト、ジュニアという三階層から構成されているのだが、その組織運営のルールと風土は、極めてリベラルな空気と大変に厳しい徒弟制とが同居している。リベラルな空気と厳格な徒弟制という通常は完全に相反する二つのスタイルが同時に併存している点こそが、プロフェッショナル　ファームの最大の特徴であろう。

その一端について筆者が身を置いていたコンサルティング　ファームを例にとって紹介してみよう。

まずリベラルであるという点では、クライアントに対して行うコンサルティングの仕事においてはアソシエイトはパートナーと全く対等の立場で議論を行うことができることが挙げられる。パートナーはアソシエイトに対して自分の仮説や分析を一方的に押しつけることはないし、アソシエイトもパートナーと違う見解を堂々と主張するのが当り前のスタイルである。パートナーがプロジェクトの最終責任を負っているとはいえ、プロジェクト

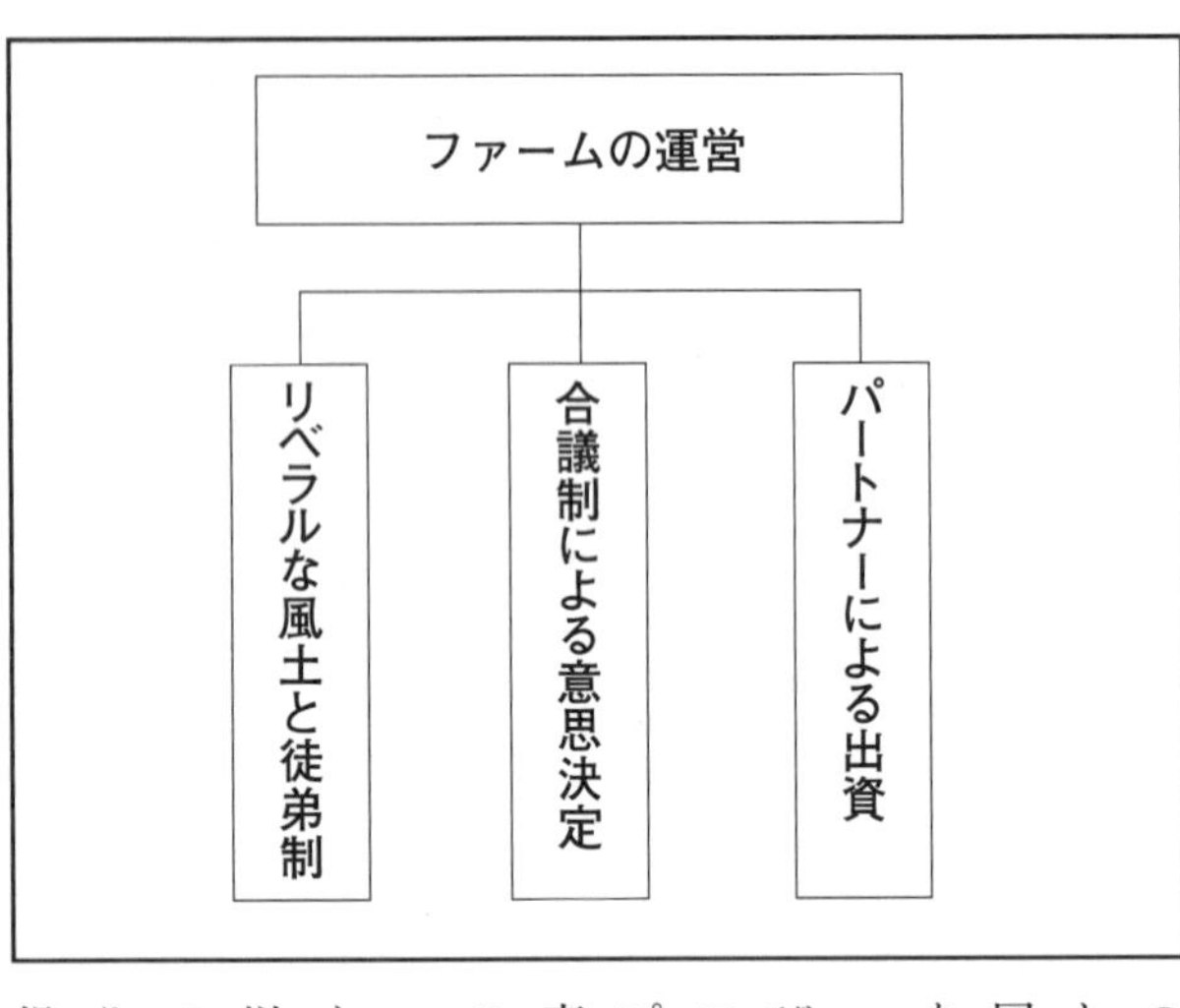

のメンバーとしてはパートナーもアソシエイトも同じ一人前のプロフェッショナルとして同等であるという考え方が徹底しているのである。

こういうスタイルはアソシエイトが伸び伸びと気分良く仕事ができるというだけでなく、ファームにとっても重要なメリットがある。プロジェクト　チームとしてより的確で質の高い分析と提言が可能になり、クライアントのより大きな満足につながるのである。

何故ならば、経験が豊富とはいえ、パートナーとて無謬、万能ではない。アソシエイト以下のプロジェクト　メンバーがパートナーの言いなりになって作業をするだけの場合よりも、パートナーとは異なった見方や解釈も俎上に上げてメンバー全員でディスカッショ

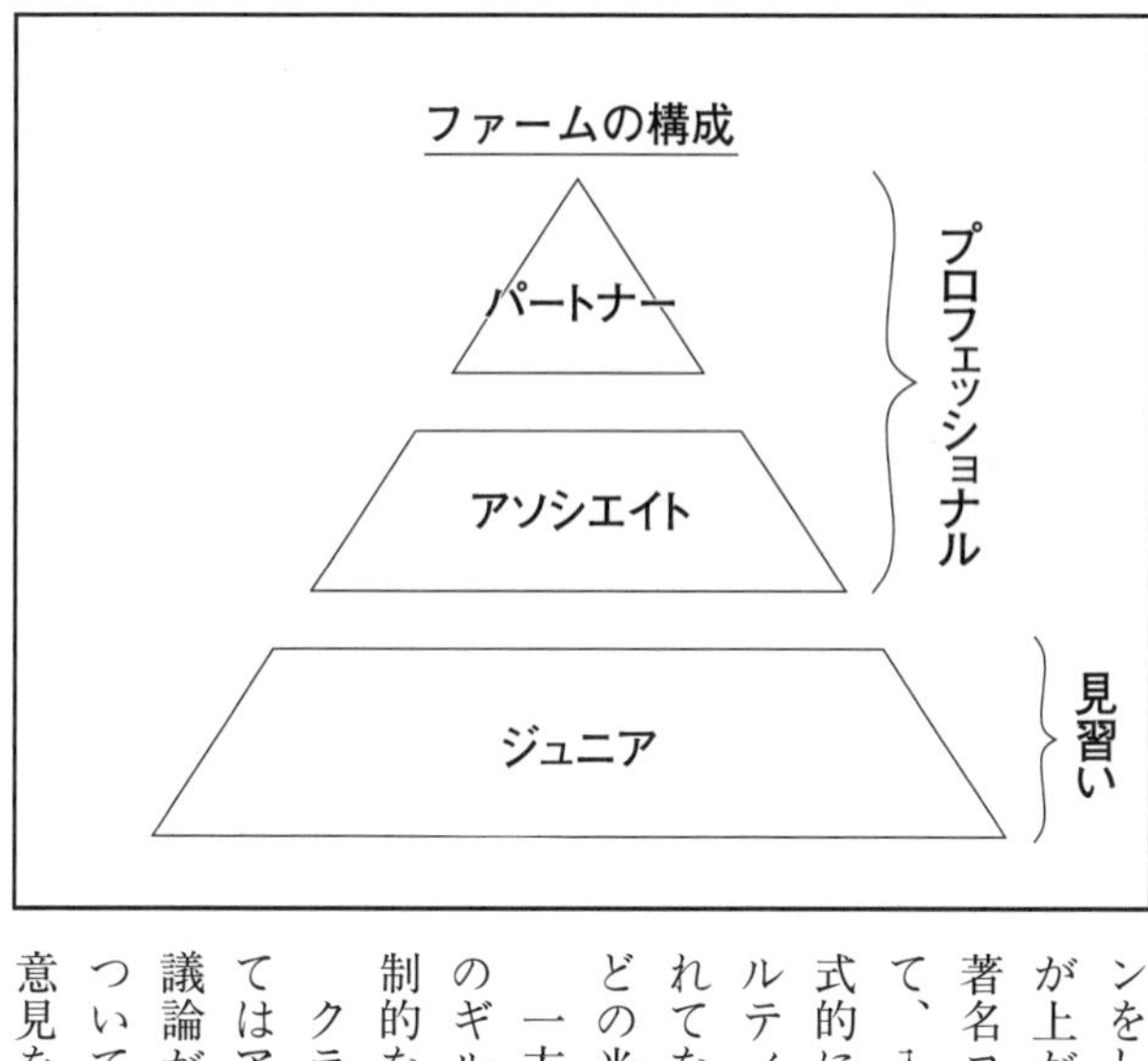

ンをした方が、より質の高い結論に至る確率が上がるからである。業界を代表するような著名コンサルタントであるパートナーに対して、入社して間もない若いアソシエイトが形式的には全く対等に議論を挑む様は、コンサルティング　ファームの議論のスタイルに慣れてない人が見ると一瞬たじろいでしまうほどの光景であろう。

一方、プロフェッショナルの世界はかつてのギルドに端を発しているだけに厳格な徒弟制的な部分も厳然と存在する。

クライアントに対するプロジェクトに関してはアソシエイトもパートナーも全く対等に議論ができるのに対して、ファームの運営についてては、アソシエイト以下はオフリミット、意見を言うことはできない。意見を言う以前に、パートナー会議で何が話されているのかさえ知らされることはないし、議事録も見ることはできない。ファームの経営は完全にパートナーの専管事項なのである。

またアソシエイト以下の仕事や能力の評価についても、パートナーからの一方通行的評価が下される。もちろんその評価について自分なりの感想や意見を述べることはできるが、評価結果に何ら影響を及ぼすものではない。パートナーから下された評価は絶対であり、どうしても納得できなければ、ファームを去るしかない。一般企業では、より公正な評価を実現するために上司から部下への一方通行の評価だけでなく、部下からの上司に対する評価を取ってみたり、上下左右の様々な関係者からの評価を総合する三六〇度評価を導入したりするところも増えているようだが、プロフェッショナル　ファームではあり得ない。

こうした一方通行的評価制度は封建的に聞こえるかもしれないが、プロフェッショナル　ファームにとっては合理的な面が大きい。そもそもプロフェッショナルの仕事は高度で奥の深い技量が必要であるため、職能レベルの高い上位の者であってこそ下位の者の技量を正確に測ることが可能なのである。従って、経験の浅い下位の者が上位の者の仕事のクオリティを適切に評価するだけの能力は持ちえていないのは当然である。

またプロフェッショナル　ファームはメンバーが効率的に仕事をこなすための合理的業務処理組織であるばかりでなく、共同体としての側面も有しているため、価値観や人格の評価も健全な組織運営を維持していくためには必要である。ファームの構成員としてプロフェッショナルとしてのスキル面を評価するだけでなく、将来共同体の運営に携わるパートナーになるのにふさわしい人物かどうかの観点まで含めた全人格的な評価が必要であるため、共同体の文化と風土を司るパートナーによる評価に絶対性を持たせるのが理に適っているのである。

†アップ　オア　アウト

厳格であるということではもう一つコンサルティング　ファーム独特のルールがある。アップ　オア　アウト（up or out）のルールである。

アップ　オア　アウトとは「昇進するか、さもなくば去るか」という選択肢を突きつけることによって、成長と昇格を強制するルールである。例えば、ジュニアであれば入社後五年以内にアソシエイトに昇格しなければ退社、アソシエイトになってからも遅くとも一〇年以内にパートナーに昇格できなければ退社しなければならないというルールである。

このルールの狙いは、ファームに入って来たメンバーにプロフェッショナルとして常に能力を向上させ、ファームの有力な構成員になることを全力で目指させることにある。同時にこのルールは、成長の限界に達してしまい能力的に滞留してしまっている者を排除することによって、組織の肥大化や風土の沈滞化を防ぐことにも有効である。

実際にコンサルティング　ファームでは新卒でジュニア（アナリスト、リサーチャー）として入社して、パートナーまで昇りつめる者はごく僅かである。アップ　オア　アウトによる淘汰と独立や自発的転職による退社とがほぼ半々ではあるが、一〇人入社して一〇年後に残っている人数は二人か三人といったところである。そしてパートナーにまで残るのはまたそのうちの一人程度である。

ちなみにこのアップ　オア　アウトはプロフェッショナル業界の中でも、コンサルティング　ファーム特有のものである。ファームというパートナー制の組織形態を取っているものの、弁護士事務所や会計士事務所ではアップ　オア　アウトのルールはあまり採用されていないようである。弁護士や会計士という職種においては、国家試験による一定の能力水準のチェックと国家による資格付与がなされているため、ファームが敢えて厳しいスクリーニングを行わずとも実力的にも社会からの信頼感の観点からも一定の品質水準が達成できているからであろう。先にコンサルタントは公的な資格を持たず、プロフェッショナルな職業としては新参者であるために、一層厳しくプロフェッショナリズムが求められるという説明をしたが、このアップ　オア　アウトのルールも一つの表れだと見なすことができよう。

以上、プロフェッショナル業界特有の組織形態であるファームのしくみと運営ルールについて説明して来たが、どの特徴的ルールもプロフェッショナルという職業の固有性に基づいて成立していることを理解して頂けたであろう。プロフェッショナルは一人一人が高度な職能を持つインディペンデントな職業であるが故に、普通の会社組織（カンパニー）ではなく、そうした特性を反映させたルールで運営されるファームという組織形態を取ることが必要なのである。

第四章

プロフェッショナルの日常

本書ではここまでプロフェッショナルの仕事の要件や本分とプロフェッショナルとして守るべき掟や仕事のルールについて説明したが、こうした職業上の特性や規範はプロフェッショナル独特のワーキングスタイルを生む。徹底的にクオリティを追求して徹夜も辞さずというハードワーキングしかり、何事も自分で決めて自ら動いて黙々とやり遂げるスタイルしかりである。

そして独特の規範やワーキングスタイルは、ひいてはプロフェッショナル特有の雰囲気や人となりを形成する。高僧が常に穏やかで柔和な表情を崩すことがないように、漁師が寡黙で一本気なように、プロフェッショナルにもプロフェッショナルらしさというものが存在する。

本章ではこうしたプロフェッショナルの人間としての実像をよりリアルに知って頂くために、プロフェッショナルの日常の姿を紹介してみよう。どのような生活スタイルを送っているのか、どのような人となりなのか等々について、プロフェッショナルの日常生活の断片なども織り交ぜながら語ってみたい。

一　仕事ぶり

プロフェッショナルの生活スタイルを紹介しようとする時にまず触れなければならないのは、何と言ってもそのハードな仕事ぶりについてである。特にプロフェッショナルとして一人前と認められる前の見習い期間中、年齢で言えば二〇代から三〇代前半までの働き方は、おそらく全ての職業人の中で最もハードであると言っても過言ではないだろう。文字通り、ハードワーキングの一言に尽きる。

例えば筆者が経験したコンサルティング　ファームの例で言えば、週に一日、二日の徹夜は当り前。さらに土、日も二日間とも丸々休めることはまずあり得ない。通常一週間の睡眠時間は平均で三〇時間足らずであろう。一日当り四時間ほど、日本人の平均睡眠時間が週に五三時間であるから約半分である。

†二〇時間睡眠

それでも三〇時間眠れる週はまだ良い方である。大きなプレゼンテーションが近づいて来ると、週二〇時間睡眠のペースになる。一日当り三時間足らずである。このペースになると、家に帰るのも二日に一度になる。帰ってもシャワーを浴びて着替えをしてすぐにオフィスに戻って来る。オフィスではとにかくずうっと働き続けで、時々自分のデスクに突っ伏したり、オフィスの床に転がったりして一〜二時間の仮眠を取るくらいである。仮眠時間の間も仕事のことをうつらうつら考えていて深く眠ることはできない。

また、こういう生活ペースでは、曜日の感覚がなくなって今日が何曜日だったのか判らなくなって来る。チームのメンバーが誰からともなく「今日は何曜日だっけ？」と聞くようになると、そのプロジェクトは佳境に入って来ている証である。そしてこうしたペースの時には、過労で倒れないようにするために頑張って食事を摂ることが大切になる。人間、食べるか眠るかどちらか一方だけでもちゃんとやっていれば意外に保つものなので、一日に三度は無理矢理詰め込んで栄養をつけるのも仕事のうちである。体質的に胃腸が弱い人はかわいそうで、どうしても口が食べ物を受けつけなくて、しばしば近くのクリニックに駆け込んで点滴を打ってもらいエネルギー補給したりしていた。

こうしたペースが一週間か二週間ならまだしも、一ヶ月、二ヶ月と続くこともある。こうなると頼みは自分の体力と気力だけである。

プロフェッショナルは表立っては知力を問われるインテリジェント　キャリアとされる

が、そのインテリジェンスを支えているのは体力と気力である。体力と気力がプロフェッショナルの実力を大きく決定していることを身をもって思い知らされる経験である。プロフェッショナルの修業時代とは、スキルや知識を身につけるだけでなく、ハードワーキングに耐え抜く修練を積む時代でもあるのだ。

†ゼロ泊二日の海外出張

ハードワーキングを物語るコンサルティング業界の例をもう一つ紹介しておこう。

ゼロ泊二日の海外出張である。通常のビジネスマンであれば、どんなに慌ただしい出張だったとしても渡航先がアメリカやヨーロッパであれば現地で最低一泊か二泊はして、一泊三日とか二泊四日とかの旅程を組むのが普通である。ところが、コンサルタントの場合、忙しい時にはゼロ泊二日でアメリカやヨーロッパの出張をこなしてしまう。

例えば、月曜日の朝イチで打ち合わせをした後、昼前の便でパリに発てば到着の時間が現地の昼過ぎ。夕方までミーティングに出席して夜の最終便で日本に戻って来れば火曜日のディナーに十分間に合う。行き先がロスアンジェルスであれば、ミーティングをした後で現地でビジネスランチをしてから日本に戻って来ることができる。

こうしたスケジュールで海外出張をこなすと、月曜日の朝のミーティングで会った人と火曜日の夕食を共にすることも可能なわけで、その席で「昨日あれからパリに行って来たのだけど、現地で聞いた面白い話があるのですよ」などと話すことができる。これをやると、間違いなく大いに驚かれる。

一般のビジネスマンには驚かれる行程だが、ゼロ泊二日の海外出張は実はコンサルタントにとってはさほど悪いものではない。片道一〇時間余りのフライト時間が確保されるので、電話や来客で中断されること無く落ち着いて仕事ができる。運が良い時にはゆっくり眠ることもできるありがたい出張なのである。

一週間二〇時間睡眠の生活ペースの話にせよ、このゼロ泊二日の海外出張の話にせよ、コンサルティング業界の多少極端な事例を紹介したが、プロフェッショナルの業界のハードワーキングぶりは医者や弁護士といった他の職種でも事情は大きくは違わない。

医者の世界もインターン時代や駆け出しの勤務医時代には徹夜の当直が毎週必ずあるし、救急の対応や先輩が休暇を取った時の代役での出勤も多いため、ゆっくり休める休日はほとんど取れないと聞く。渉外法律事務所のアソシエイト弁護士だと、大型M&Aの案件や企業間の大型訴訟に関わると、何百ページにも及ぶ契約書のチェックや膨大な証拠資料の準備を英語と日本語の両方でやらなければならず、三日連続で徹夜したり、一週間以上家に帰れなかったりするそうである。一流建築家の設計事務所でもまた同様である。模型造りや図面の下書きを担当するアシスタント時代には、アトリエに一週間泊まり込むことも当り前で、家に帰るのは着替えの衣類を取りに戻るだけというペースも珍しくないようである。

こうしたハードワーキングは一年に一週間だけとかの特別なことではなく、プロフェッショナルの世界では実力を磨き一流を目指している者全員が年中続けている普通の生活スタイルなのである。

†一流であり続けるために

それでは二〇代、三〇代前半の修業時代が終われば、プロフェッショナルという職業は悠々自適で優雅な生活スタイルを送れるようになるのかと言えば、もちろんそうではない。四〇代、五〇代になって一級の能力を身につけ豊富な実績を積み上げて、一流と目されるようになったとしてもハードワーキングはまだまだ続くのだ。

どの分野のプロフェッショナルであっても、修業時代を終えた後もその世界で一流であり続けるためには、常に最先端のノウハウを取得し続けていかなければならない。一流の実力を維持し続けているからこそ、最高の仕事に携わることができるのだし、最高の仕事を積み重ねていってこそ、プロフェッショナルの特権である仕事に関する自己決定権を確保することが可能になるのである。組織の庇護や地位に依拠することなく、全て自分自身の能力と意思によって自己責任をもって自由に生きていくことができるというのがプロフェッショナルの特権であり魅力であるが、その特権を享受し続けていくためには常に一流であり続けなければならないのだ。つまりプロフェッショナルであるということは、常にハードな自己研鑽の生活を続けるということと同義なのである。

そしてまた、プロフェッショナルの世界は完全な実力主義であるが故に、年齢がいくつになっても厳しい競争にさらされていることも忘れてはならない。

五〇代、六〇代になってからも、最新のノウハウを習得して一人前に育ってきた三〇代や四〇代の新進気鋭のプロフェッショナル達と能力を競い合わなければならないのであるから、悠々自適の余裕の生活なぞ望むべくもない。

筆者自身の経験からしても、ハードな仕事であることをしみじみ実感することは四〇代になってからの方が多い。働いている時間の長さや徹夜の回数は二〇代、三〇代の方が明らかに多かったが、若い時は体力的に遥かに恵まれていたので疲労からの回復も早かったし、ハードワーキングを苦に思うことも少なかった。

ちなみに、プロスポーツ選手の能力的ピークは二〇代と言われ、科学者や研究者の頭脳のピークは三〇代後半からせいぜい四〇代前半までと言われる。プロフェッショナルな職業の特性を考えると、強靭な体力と鋭い頭脳の切れ味の両方が必要とされるが、また一方で、経験の蓄積によるスキルの向上という要素も大きい。こうした要素を考え合わせるとプロフェッショナルの職業人としての能力的ピークは四〇代後半から五〇代前半といったところだろうか。いずれにせよ、四〇代に入ったら体力の衰えと頭脳の切れ味の低下は避けることのできない摂理であり、その衰えを日々の自己研鑽と経験の蓄積によってどれだけ補えるかが勝負なのである。

若い時には早く一人前になるためにハードワーキングをし、一人前になった後は一流であり続けるためにハードワーキングを続ける。プロフェッショナルという職業は、一生ハードワーキングから逃れられないのである。

二 行動特性

プロフェッショナルは厳しい掟によって物事を徹底的にやり抜く態度や、世の中で一番という目標設定をするチャレンジ精神、また何事も自分で決めて自分でやってしまう自己完結型の行動スタイル、そして何事に対しても論理的なものの見方や考え方をする姿勢を身につけている。

こうした行動特性は日常生活においても当然のこととして様々な局面で現れる。本節ではプロフェッショナル達が日常生活の中で見せる行動特性を四つ挙げて紹介してみよう。プロフェッショナルは行動的（プロアクティヴ）、意欲的（チャレンジング）、個人主義的（インディペンデント）、論理的（ロジカル）な人達である。

①行動的（プロアクティヴ）

プロフェッショナルは職業柄日々ハードな仕事を強いられているため体力的にタフであり、また常に最先端のノウハウを身につけていなければならないので知的好奇心が旺盛である。必然的に日常生活においても色んなことに強い興味を持ち、忙しい生活を送りながらも体力にものを言わせて積極的に行動する。

プロフェッショナルの行動特性として、まず行動的（プロアクティヴ）であるということから紹介していこう。

ちなみに行動的という言葉につけたルビをアクティヴではなく敢えてプロアクティヴにしたのは訳がある。プロ（pro-）とは日本語で言えば超という接頭語に近いのだが、プロフェッショナルが行動的である度合いはまさに超の文字を冠するのに相応しいほどのものである。通常一般の人々が行動的であるのとは明らかに一線を画す度合いで、プロフェッショナルは行動的である。

そして、ここで行動的(プロアクティヴ)という言葉を使って表しているプロフェッショナルの行動特性には、三つの意味合いがある。まず文字通り体を動かすのを好むこと、次にタフであることと、そして思いついたらすぐに行動を起こすことである。

以下具体的事例を挙げて紹介していこう。

まず第一の特徴である体を動かすのを好む傾向であるが、これはプロフェッショナルの仕事が頭脳労働の性格が強いことに対する反作用なのであろう。医者にしても弁護士や建築家にしても、仕事の本質は頭脳労働である。しかも最高の仕事をするためには緊張を強いられ、神経を張り詰めて長時間働く。従ってオフの時に求めるものは、神経の緊張を解きほぐしてくれ、仕事とは逆に肉体を動かすタイプのものになりがちなのであろう。しかもハードワーキングで鍛えた体力があるので、かなり本格的にやっているケースが多い。

筆者の周りのプロフェッショナル職業の知人を見ても、サッカー、ラグビー、テニス、登山、ダイビングといった体力的にハードなスポーツをやっている人が非常に多い。サッカーやラグビーを趣味にしている人は四〇代、五〇代になっても毎週のようにグランドに出て走り回っているし、忙しい仕事を終えた後で深夜の一時から早朝五時までコートを借りて毎週テニスをしているグループもある。登山が好きな者の中には国内の三〇〇〇メートル級の山ではあきたらず海外の六〇〇〇メートル級に挑戦している人までいる。筆者は釣りが趣味なのだが、釣りくらいではアウトドアスポーツが趣味だとはおこがましくてとても言えないほど本格的なスポーツを熱心にやっている人達が多い。

†タフでアクティヴ

行動的(プロアクティヴ)という言葉が示す二番目の意味合いであるタフさの説明については、アウトドアの趣味を持ち、まさにタフでアクティヴの極みとでも言うべき友人の例を紹介しておこう。

彼は国内外で活躍している一流の建築家で、海に潜って魚をモリでつくのが趣味である。彼の潜りは魚とフェアに勝負するというプロフェッショナルらしい美意識に基づいて、素潜りである。彼は酸素ボンベをくわえることもなく、五〇歳を超えた今でも三〇メートルもの深さまで潜ることができる。しかも海中に潜っていられる時間は三分にも及ぶ。一〇キロも二〇キロもあるカンパチやイソマグロといった大物を狙って水深三〇メートルの魚の通り道まで一気に潜り、息をひそめて獲物がやってくるのを待つのだ。彼が息を止めていられる三分以内に獲物がやって来なければ、海面に戻って息をつぎ、またすぐに魚の通り道まで急降下してチャンスを待つ。一時間でも二時間でも獲物を仕留めるまで何十回も潜水を繰り返す。そして何十回目かの潜水の後、彼の目の前を巨大な獲物が通り過ぎようとした時、一瞬のスキをついてゴム銃で仕留めるのだ。

ちなみに素潜りで三〇メートル、三分間という潜り方ができ、しかも二〇キロ級の獲物を突くことができるほどの腕前を持つ者は、本職の突き漁師を含めても全国で一〇人もいないのではないのだろうか。とにかく彼のタフさと精神力の強さには、体力自慢、気力自慢が少なくないプロフェッショナル仲間の内でも誰もが一目置く。

先日様々なプロフェッショナル職業の仲間数人で南大東島に出かけた時にも、彼のアクティヴさは際立っていた。彼は滞在期間中毎朝五時からお昼まで獲物を追って海に潜っていた。彼のタフさとアクティヴさがすごいのは、昼間は皆に潜り方を教えたりバーベキューの世話をしたりしながら一緒に過ごし、夜は夜で遅くまで酒盛りに付き合った上で、早朝に一人起き出して海に出るのだ。彼のタフさと潜りの能力はたった数日の間に島中の人々の間でも評判になったほどである。

†クイックアクション

彼ほどの行動力とタフさを誇る人はさすがに稀であるが、プロフェッショナルが行動的（プロアクティヴ）であるというもう一つの面であるクイックアクションについては、プロフェッショナル職業に就いているほとんどの人に当てはまるであろう。

ここに挙げたプロフェッショナル仲間での南大東島ツアーも全員即答での参加であった。飲み会の席でふと思いついた一人が周りの何人かに「今度南大東島に行かない？」と声をかけたのがきっかけ。「何で南大東島なの？」と問い返されて、「行ったことがないから。今行かないと多分一生行かないから」と答えると、「そうだね。じゃあ行く」という具合に全員一分もかからないやり取りで決まった。

皆、一時間単位のスケジュールで仕事に追われる超多忙なメンバーばかりだが、行ったことがない所、やったことがないことに対する興味と好奇心は極めて強い。面白そうと思ったことに対しては、貪欲に行動を起こすのである。

こうしたクイックアクションの傾向は日常の様々なところで表れる。新しいホテルとか話題の施設がオープンすると、すぐに行ってみる人が多い。四〜五人が集まった席で、誰かが「先週オープンしたあのホテル、もう行った？」と聞くと、必ず一人か二人から「行ってみたよ」という返事が来る。場合によっては、聞いた本人も含めてオープン一週間で全員が既に行っていたりすることもあるほどである。

また忙しい生活の中では比較的容易に楽しめることなので、グルメを日常の喜びにしている人も多いのだが、美味しいものを食べることに関しても行動が早い。夜の集りの時に、例えば「北九州の○○という鰻屋は日本で一番美味しいと思う」などという話を聞いたりすると、何とか仕事をやりくりして次の日の昼食はもうその店で鰻重と白焼きを食べていたりする。

そしてプロフェッショナルは、ハードワーキングの一方で健康には人一倍気を遣っている人も多いので、新しい健康法や健康食品の話を聞くとすぐに試してみるというのも良く見るケースである。今でこそ、PETというがん発見の特効的検査は一般化したが、まだごく一部の大学で実験的に試されていただけであった一〇年も前に、私の周りの多くの知人が被験体として検査を受けに行ったりしていた。

プロフェッショナル達は好奇心が強く、色々なことに興味を持ちやすいことに加えて、忙しい生活を送っているからこそクイックアクションなのである。つまり、面白いと思ったことをそのままにしてしまうと、いつまでたっても実現できないことが良く判っているので、興味を持ったらすぐにやってみるのだ。結果、フットワークの軽い、極めてアクティヴな生活になる。こうしてプロフェッショナルの生活は、ハードワーキングでありながら仕事以外のことにも能動的かつ行動的なスタイルになるのである。

②意欲的（チャレンジング）

ここまで行動的（プロアクティヴ）という生活スタイル上の特徴を紹介したが、今度はプロフェッショナルらしさをより端的に表している日常生活の中での独特の行動特性を紹介してみよう。

プロフェッショナル独特と思える行動特性としてまず挙げられるのは、高い達成意欲である。プロフェッショナルは仕事に限らず、何事をやるに際しても常に最高レベルに挑戦しようとする傾向がある。しかも一度立てた目標については安易に撤回したり目標レベルを下げたりしない。自ら立てた目標に対しては徹底的に執着し、ありとあらゆる努力やチャレンジを惜しまないのである。プロフェッショナルは極めて意欲的（チャレンジング）なのである。

この高い達成意欲という行動特性は仕事上の規範に因るものである。仕事のアウトプットに関しては、プロフェッショナルの掟に基づいて世界最高水準とか、日本初といったハイレベルのクオリティの追求をするということについては前段の章で説明した通りである。そしてこうした行動スタイルによってプロフェッショナルは、一度コミットした仕事については、どんなに難易度が高かろうが決して諦めることなく、何としてでも必ずやり遂げる術（すべ）と精神力を鍛えられる。こうして、やるからには可能な限り高い目標設定を行い、やると決めたら徹底的に執着して達成するという行動特性が身につくのである。

†何が一番難しいですか

ここで高い目標設定とその達成への執着心を示すエピソードを一つ紹介してみよう。

筆者の趣味が釣りであることは前に書いたが、ある時筆者と同じ業界の大手コンサルティング　ファームでパートナーをしている友人から、釣りをしてみたいという話があった。

「何を釣ってみたいの」と聞くと、

「何が一番難しいですか。一番難しい魚を釣りたい」という答えであった。

それを聞いて半分驚いたが、半分なるほどと思った。それまでにも様々な人から釣りをしてみたいと言う申し出を受けたことがあったが、彼以外は全員が「何が一番簡単ですか」、「何だったら初めてでも釣れますか」という質問であった。最初から一番難しい魚に照準を合わせるところが一流のプロフェッショナル、さすが大手のパートナーである。

そしてやり取りの続きはこうである。

「一番難しいのはベニアコウだと思う。ただし厳しい釣りだし、釣れる確率も低いよ」と返答したところ、

「生まれて初めての釣りでベニアコウを釣った人はいるだろうか」と聞いて来た。

「絶対にいないと思う」と筆者。

「ではそのベニアコウを狙いたい。最初の釣りでベニアコウを釣った史上初の人になりたい」と来た。

「でも海はひどく荒れる場所だし道具の扱いもかなり難しいので、とても厳しい釣りですよ」と説明したところ、

「命にかかわるほど大変ですか」と聞く。

「いや、命を落とす心配はもちろんないけれど、かなり慣れた人でも辛くて立ち上がれなくなったりするほどですよ」と答えたのだが、彼曰く、

「死なないのなら大丈夫。やります。どうせやるなら史上初を狙わないとやりがいがない」となった。


釣りの当日、彼はベテランでも身動きが取れないほどのシケの海でデビューを果した。ところが釣りを始めたとたんに慣れない道具の扱いに失敗して太い鉤（はり）が手に刺さってしまい、船上の床を鮮血で赤く染めてしまうひどい事態になってしまった。しかし彼はそれでも戦線離脱することなく最後までやり抜いた。結局、釣果（ちょうか）なく帰港したのだが、「怪我は大丈夫ですか」という周りからの声に対して「釣れなくて残念です。またすぐに再チャレンジします」と返した。

プロフェッショナルの達成意欲や執着心を物語る格好のエピソードであろう。先に紹介した三分間、三〇メートルの素潜りができる建築家の話は驚嘆に値する凄さであるが、もちろんこのようなことはいくらプロフェッショナルであっても誰にでもできることではない。ある種の資質や長い間のトレーニングがなければ、どんなにチャレンジ精神があろうが達成意欲が高かろうが決してできることではない。

それに対して、こちらの例は、やろうと思う意志とチャレンジ精神さえあれば誰にでもできることである。やろうとさえ思えば誰にでもできることなのに、決して誰もやろうとしないことに対して、果敢に挑んだところが彼の達成意欲の高さであり、プロフェッショナル特有の行動特性の表れなのである。

†やるなら史上初

高い目標設定と強い執着心を示す、筆者の周りの事例をもう一つ紹介しよう。

五〜六年ほど前であろうか、筆者の周りの知人達が合唱団を作った。歌を唄うのが好きな医者や弁護士や建築家といったプロフェッショナル職業の人達が集まった席で、一人で歌うより皆で集まって合唱した方が迫力があって気持ちがいいから是非やってみたいという話で盛り上がったのが発端である。メンバーの大半は歌好きとは言っても楽譜が読めないばかりか、カラオケで演歌を唄っても音を外してしまうようなレベルである。そんな集団がどうせやるのならと立てた目標が、クラシック音楽の殿堂サントリーホールでリサイタルをやるというものであった。

ご承知のようにサントリーホールは、東京文化会館、新国立劇場と並んで日本のクラシック音楽会場の中でも最高の権威を誇るコンサートホールである。通常は海外の著名音楽家や日本のトップオーケストラのみに供される会場で、アマチュアのオーケストラはもちろん芸大や音大の学生にとっても高嶺の花の神聖な場所である。にもかかわらず楽譜も読めず音を外しまくるただの歌好き集団は、この神聖な舞台に立つことを目標に決めてスタートしたのである。

この目標設定がどれほど無謀なものなのかについては、一流の音楽家に言わせると「中小企業のサッカー同好会がJリーグのチームに試合で勝とうとするくらいか、それ以上」ということであった。つまりこの目標設定は挑戦的というより無謀であり、非常識なレベルらしい。いかにも強烈な達成意欲をもって常に最高を目指そうとするプロフェッショナル達の野望である。

そして結果がどうなったかと言うと、サントリーホールでのリサイタルという目標はあっさりと三年目で達成した。それればかりか五年目には世界でも有数の音楽祭であるイタリアのプッチーニ音楽祭にまで招聘されて、堂々と歌って来てしまった。プッチーニ音楽祭で日本人が歌ったのはプロを含めても今回が初めてということである。まさに文字通り日本人としての史上初をやってのけたのだ。

彼らの非常識な目標設定とその奇跡的な達成の間には、当然のことながらすごいチャレンジと膨大な練習のプロセスがあった。

合唱団として舞台に立つためにはまとまった人数が必要なため、この無謀な集団に仲間を引き込むところから活動が開始された。普段群れることを好まない性質のメンバーが積極的に勧誘の電話をかけまくり、熱く説得した。非常識な目標設定が功を奏してプロフェッショナル達の興味をそそったようでメンバーの数は程なく集まったが、歌の実力の方は気の遠くなるような練習を積み上げるしかない。三ヶ月に一度しか髪を切りに行く暇がなく、虫歯が痛んでも歯医者に行く時間すら取れないほどに日々忙しい人達が、眠る時間を削り、社交の付き合いを断って、全ての時間とエネルギーを歌の練習に注ぎ込んだ。

毎週一回は四時間の集合練習に参加し、上手く歌えない者は個人教授について補習を繰り返した。それでもどうしても正しく音を合わせられない者は、合唱のハーモニーを壊さないようにちゃんと歌っているように見せかけながら声を出さない口パクの練習まで積んだそうである。

無謀とも思える高い目標設定もプロフェッショナルの特性ではあるが、それだけで終ってしまってはただの大言壮語の輩である。その達成に向けて決して諦めずに努力し続ける執着心こそプロフェッショナルらしさの真髄なのである。

③個人主義的（インディペンデント）

プロフェッショナルが意欲的（チャレンジング）であることと並んで見せるもう一つの行動特性は個人主義的（インディペンデント）であることである。プロフェッショナルは人と群れるのを好まない。また、安易に他人に同調しない。何事に関しても自分は自分というスタンスを貫いて行動する傾向が強いのである。

この行動特性も、自分がやることは自分で決めて、他人をアテにすることなく黙々と自分一人でやり抜くというワーキングスタイルから来ている。

そもそもプロフェッショナルの仕事とは一人で自己完結的にやるものである。自分の仕事については、判断に関しても実行に関しても全権を有して自由に遂行するのがプロフェッショナルのワーキングスタイルである。プロフェッショナルの行動を縛るものはプロフェッショナルの掟のみである。つまり自分の判断で自由に動くというのがプロフェッショナルの行動の基本スタイルなのだ。

もちろんプロフェッショナルも複数のメンバーでチームを組んでプロジェクトを行う場合もあるのだが、そういう時でもインディペンデントなスタイルで仕事を進めることは基本的には変わらない。プロフェッショナルがチームを組んで働く場合におけるチームワークの概念も、通常イメージされるチームワークとは大きく異なっているのだ。

プロフェッショナルにとってのチームワークとは、一人一人が責任を持って自分の使命を完遂することが基本である。通常のチームワークのイメージが意味するような、仲間のメンバーと心を通わせたり、他のメンバーの出来具合に配慮したりなどということについてはそれほど気にしない。むしろ他のメンバーに自分のことで気持ちの負担をかけないようにすることがチームワークの基本だと考えており、そのためにも一層自分の担当に意識を集中させるのである。

つまりプロフェッショナルにとってのチームワークとは、チームメンバーとの同調ではなく、合理的な役割分担と一人一人のミッションの死守なのである。従って他のメンバーに対する心配は要らぬお世話だし、メンバー全員一丸となって共に頑張りぬこうなどという掛け声など無用なセンチメンタリズムなのである。

†安易な同調は無能の証

またチームでプロジェクトを行う場合だと、一人一人のインディペンデントな判断が一層重要になる。先にも説明したが、一人一人が他人の意見に安易に同調することなく、独自の判断を出し合って多様な選択肢が揃ってこそ、チームとして最も妥当な解答に辿り着ける可能性が高まるのである。

例えばクライアント企業の売り上げが伸びない原因を探る場合でも、「自分は製品の品質が良くないからだと思う」、「いや営業力が弱いから売れていないのだ」、「製品力も営業力も競合と遜色(そんしょく)ないのに、売れていないのはブランド力が弱いからだ」等々、各メンバーが独自の仮説を出し合って、徹底的な議論を重ねたり、様々な角度からの検証を行うことによって、本当に正しい原因を突き止められる可能性が高まるのである。

その意味では、「私もそう思います」という安易な同調を示してしまうことは、プロフェッショナルの世界では最も無責任、無能の証と見なされる。常に自分なりの、しかも他人とは異なった解釈やアイデアを求められるのである。

従ってプロフェッショナルは自分が何かを判断する際に、他人の意見や解釈を意図的に排除して考えようとする傾向がある。新聞を読んだりニュースを聞いたりする場合にも、どの部分が事実でどの部分が記者やコメンテーターの解釈なのかについては注意深く選り分けて読み取る。事実は頂くが、コメンテーターの評論は不要なのである。そのためテレビの討論番組や情報番組は事実の提示が不正確だったり、評論家やコメンテーターの無用なコメントが多いのが嫌だという理由でほとんど見ないという人も珍しくない。これらのことも全て、自分がインディペンデントに正しい判断をしたいという性向の表れなのである。

プロフェッショナルはこうした理念を発言や行動のバックボーンに持つ人達なので、人と群れない、安易に同調しないという行動特性になるのである。従ってプロフェッショナルが会話のメンバーに入ると、他人の意見やコメントに対して批判的な見解を差しはさむことが多くなり、会話の流れがぎくしゃくしてしまうことが珍しくない。テレビや新聞の論調も前提から疑ってかかるし、一人一人が必ず自分の意見を主張する。

またあくまでも自分の意向を大切にするという姿勢はアクティヴな生活スタイルと相まって、一人でどんどん行動を起こすことにつながる場合が多い。

美味しいという話を聞いて次の日には北九州まで鰻を食べに行くのも単独行動だし、一度行ってみたいという思いに駆られて突然一人で南極ツアーに行って来たりというような唐突な行動が多いのもプロフェッショナルの特徴である。プロフェッショナルは自分の行動を他人に相談して決めるということをほとんどしない人種なのである。

釣りを趣味にしているプロフェッショナル職業の人が多いのも、一人で気ままにやれるからという理由に因るところが大きいと思われる。伊豆に行こうが房総に行こうが、タイ釣りに行こうがイカ釣りに行こうが、医者をはじめとしたプロフェッショナル職業の方としょっちゅう出会う。

面白いことに彼らは必ず一人で来ている。釣り人の多くは釣り仲間や仕事関係の人と一緒にグループで来ている人達がほとんどなのだが、医者や弁護士や建築家に限っては一人で来ている人が圧倒的に多い。一人の方が日程調整や狙う獲物についての相談をしないで済むからであろう。表現を変えれば、他人に合わせて自分がしたいことを曲げるのが嫌で、自分がしたいことを好き勝手にやりたいという個人主義の表れなのである。

†わがままと美意識

プロフェッショナルはこういう性向を持っている人種なので、和をもって貴しとなす文化のわが国では当然浮いてしまうことになる。周りから浮いてしまうどころか、しばしば自分勝手な厄介者になってしまうことも珍しくない。

筆者がコンサルティング　ファームで社員旅行の幹事をやった時に、係のツアーコンダクターが教えてくれた話がある。

参加者が最もわがままで一番手がかかるツアーは農協の団体旅行でもなく、小中学生の修学旅行でもなく、医者の学会ツアーなのだそうである。泊まる部屋をオーシャンビューに変えてくれとか、朝食の洋食ブッフェは嫌いだから自分だけ和食にしてくれなどというくらいは当たり前で、学会が終った後の単独旅行の手配や土産物屋での価格交渉に至るまで、ありとあらゆる個人的リクエストが出るそうである。

一人一人と話してみれば、皆常識人であり、人格者だと感じさせられる方ばかりなのだが、それぞれ自分のリクエスト事項に関しては協調の常識も温和な人格も消えてしまうらしく、衒(てら)いなく堂々と主張し、しかも自分のリクエスト事項についてはたいへん高い達成意欲を示して頑張るそうだ。こうして医者の学会ツアーは農協の団体旅行も小中学生の修学旅行も押しのけて、手のかかる団体としてNo.1の座を誇っているのだ。

ただし、この暴露話も落ちがついていた。

この話をしてくれたツアーコンダクター氏によると、わがファームの社員旅行の世話は医者の学会ツアー以上に大変だったということであったのだ。個人主義的(インディペンデント)であるというプロフェッショナルらしさに関しては、プロフェッショナルとしては新参者であるコンサルタントもプロフェッショナル中のプロフェッショナルである医者に負けてはいなかったというエピソードである。

ともかく、プロフェッショナルは一人一人が個人主義的であることに誇りと美意識を持っている人種であり、集団行動や他人との同調にはあまり価値を置いていない。色々な立場の大勢の人が調和してこそうまくいく社会にあって、個人主義的という行動特性は軋轢(あつれき)を生んだり、効率を損ねたりする原因になるのは事実である。とはいえ、本書で説明して来た通り、プロフェッショナルの仕事の特性からしてインディペンデントだからこそ生み出せる価値があり、やり遂げられる仕事もあるのである。

④論理的(ロジカル)

次に挙げる論理的(ロジカル)という特性は行動特性というよりは思考特性というべきかもしれないが、これもプロフェッショナルに共通する極めて特徴的な一面である。

先にプロフェッショナルはインディペンデントで、何事にも自分独自の考えを持とうとするという特性を紹介したが、その場合も単なる思いつきや突拍子もない意見をただ強弁するというわけではない。大方の世論や常識的な解釈とは異なっている場合も少なくないとはいえ、論旨はきちんと筋の通った論理的なものであるはずである。プロフェッショナルはものの見方や考え方において、自分が論理的であることを極めて大切にする人種なのだ。

そもそも論理的でなければプロフェッショナルはやれない。

論理とは、人間が思考する上で客観的妥当性を担保してくれる唯一の方法論である。プロフェッショナルの仕事は、医者であれ、弁護士であれ、コンサルタントであれ、全て現実的に問題を解決することである。病気にしても訴訟にしても、経営問題にしても、それを解決するのに神の啓示に頼ったり、その時の気分や感情に任せて決めたりしていては、決して正しいソリューションには辿り着くことはできない。どんなに複雑で重大な問題でも、原因と結果をコツコツと解きほぐして行き、問題を構成している事象を論理的に整理することによって、現実的な解決案の選択肢が見えてくるものである。

†原因追求の癖

論理的であるということは、原因と結果を解明し、事象を体系的に整理するということであり、このアプローチによってのみ確実に問題を解決し得る正しい解答が得られることをプロフェッショナルは知っている。また一方で、人間は思い込みや感情の波によって判断が狂ってしまいがちな存在だということも、仕事の中でしばしば経験している。だからこそ、プロフェッショナルは正しい解答を求めるために常に冷静でロジカルであろうと心がけているのである。

その結果、プロフェッショナルは仕事ばかりでなく何事に対しても、ものの見方や考え方が論理的なフォーマットに則ったパターンになり、思考特性として身につくのである。そうなると、プロフェッショナルは何事に対しても原因と結果がきちんと理解できていないとしっくり落ち着かなくなる。また何事も体系的に整理された形で頭に入っていないとちゃんと解った気がしない。何事に対しても何故そうなのかという原因を究明しようとするのが癖になっており、また何事に対しても他の選択肢や可能性はないのかと探すのが習慣になっているのである。

もちろんこうした姿勢は仕事の上では極めて大切であり、プロフェッショナルにとっては不可欠な能力であるのは言うまでもないことだが、日常生活の全ての面でこの姿勢が出てしまうと〝ちょっと変わった人〟ということになってしまいがちである。

プロフェッショナルが普通の人以上にロジカルであるという特性が〝ちょっと変わった人〟としてしばしば顔を出すのが、日常の会話においてである。普通の人であればあまり気にしないようなレベルまで根拠や必然性を求めて「何故そうなのか」の質問を繰り返すことが多い。普通の人であれば会話の流れを妨げないように気を遣ったり、相手がこの質問には答えにくいのではないかと配慮したり、またあるいはただ単に聞き流してしまうだけだったりするような局面でも、プロフェッショナルは因果関係や必然性が気になってついつい「何故そうなのか」と問い質してしまうことが多い。話している方としては思いもよらないところで「何故そうなのか」という質問が飛んで来るので当然戸惑ってしまう。これが一回の会話の中で何度か続いて出て来ると、当然のことながら気分を害してしまう。そして「ああ、この人は〝ちょっと変わった人〟なのだ」という思いを持つに至ってしまうのである。

†ポイントは三つ

プロフェッショナルがロジカルであるという特性が会話の中で表れるのは、相手に聞く場面ばかりではない。自分が話す場面でも普通の人とは違う、プロフェッショナル独特の話法とでも言うべき話し方をする人が多い。

ちなみにプロフェッショナル独特の話法の特徴を示しておくと、

一、明快に自分の意見や結論を示す
二、結論には必ず判断の根拠を付ける
三、選択肢や可能性を複数挙げる

といったところであろう。

「自分はこう考える。何故ならば……」という話法は論理的命題構成の基本中の基本であるが、情緒的なやり取りを好む日本人同士の会話では実際にはあまり出て来ない。通常の会話としては「私はこういう気がするのですが……」と言うだけに止めて、結論を断定的に示すのは避けるし、判断の根拠もむしろ示さない方が上品とされるものである。こういう上品な大人の会話をする人達の中に、結論と根拠をセットにして明確に自分の意見を主張する人が入ってしまうと、その人は明らかに浮いてしまうし、会話の流れがぎくしゃくしたものになってしまう。

また、選択肢や可能性を複数提示しながら話全体の構成を体系的に整えて話をする人は、わが国では更に珍しいと言えよう。このフォーマットでの話し方は日本人同士の日常会話では強い違和感を感じさせてしまうので、コンサルタントの話し方を揶揄（やゆ）した半分ジョークともつかない指摘がある。

「ポイントは三つあります」で話が始まったら、その人は外資系の経営コンサルタントに間違いないというものである。

「原因は三つ考えられます」とか「選択肢は三つです」などという言い回しは、経営コンサルタントにとっては話の冒頭の慣用句のようなものになっているのは事実であり、この指摘はかなりの程度当っているように思う。実際、プロフェッショナル職業以外ではこの言い回しをする人はめったにいないので、通常の人には明らかに違和感を感じさせてしまうであろう。とはいえ、筆者の周りを見てみると、コンサルタントに限らず医者や弁護士の中にもこういう話し方をする人は珍しくない。やはりプロフェッショナル職業に共通する独特の話法なのであろう。

以上のようにプロフェッショナルのものの見方や考え方は職業上の要請からロジカルでなければならないのだが、この特性が日常の会話の中でも顔を出してしまい独特のフォーマットで話をしてしまうのである。この癖は大人の会話を乱してしまうし、場合によっては人をイライラさせてしまうこともあるだろうが、こうした特性の根底にあるのはプロフェッショナルとして常にロジカルであろうとする真面目な姿勢だと思ってご寛恕頂きたい。

†プロフェッショナルは実務家

そしてプロフェッショナルの名誉のためにもう一点理解しておいて頂きたいことがある。プロフェッショナルは、ものの見方、考え方、話し方に関して普通の人と比べると違和感があるほどに論理的であろうとする特性を持つとは言っても、単に口先だけの理屈屋ではないという点である。

プロフェッショナルは頭の中でロジックをこねくり回して、理屈を言うだけの評論家的立場には立っていない。むしろ、いくら正しいことでも口で言うだけの人にはなりたくないと思っている。プロフェッショナルは、医者にしても弁護士にしてもコンサルタントにしても、クライアントの問題を現実的に解決することができて初めて価値があるということは、ちゃんと解っている。

だから評論家的に理屈の上では正しいかもしれないが、現実的には有効ではない考えや方法論は好まない。「現実的に有効なことこそが本当に正しいことである」という立場なのである。つまりプロフェッショナルのロジックは、論理のための論理ではなく、現実のための論理である。その意味で、プロフェッショナルは実務家なのである。

プロフェッショナルは実務家であるから、ロジカルであろうとするのと同等かそれ以上に事実と現場を重視する。

医者であれば血液分析や心電図といった検査データだけで治療法を考えることはあり得ない。直接患者と対面して、見て、触って、話してみて、データや試薬反応以上の現実(リアリティ)を踏まえた上で最善の治療を模索する。経営コンサルタントも、財務データやマーケットデータは判断材料のごく一部でしかない。クライアント企業の工場の中に入って製造ラインに自分も張りついて実際にモノ作りを経験したり、商品の売り場に立ってみて自分でも客とのやり取りをしてみて現場感を得ようとする。実際、医者でも弁護士でもコンサルタントでも、一流と目されるプロフェッショナルは皆、現場感覚に優れ、現場を重視する人ばかりである。

「大学で先生をするようになったら終わり」とプロフェッショナルの世界では言われることがある。大学で教えられるほどの知識や知力を持つのであるから有能な人であることは間違いないのだが、大学で学生を教える仕事をしているとプロフェッショナルとしての仕事の腕は鈍って来るという意味である。対面する相手が生々しい重大な問題を抱えたクライアントではなく素人の学生であること、そして仕事の内容が実際に解決策を実現することではなく理論と知識を教えることであるため、プロフェッショナルにとって最も重要な緊張感と現場感が薄らいでしまうからである。実務家でなければならないプロフェッショナルとしては、一流であり続けるためには現場の第一線に居続けることが極めて重要なのである。

このようにプロフェッショナルにとって、事実と現場というのはものを考え判断を行う上で極めて重要な依って立つ基盤である。プロフェッショナルは常にロジカルでなければならないが、その論理が事実を踏まえて成立したものでなければ無意味であり、またその論理が示す結論も現実的に有効でなければ無価値であるということも十分に知っているのである。

プロフェッショナルは常に論理的であろうとする姿勢がしみついて、日常会話においても理屈っぽい話し方をする〝ちょっと変わった人〟の一面もあるかもしれないが、決して口先だけの理屈を振り回して自己満足するような人種ではない。現実的に正しいことに対して最大の敬意を払う、実直な実務家なのである。

三 人となり

これまでプロフェッショナルの日常について説明するのに、ゼロ泊二日の海外出張とか趣味の合唱団でイタリアの音楽祭に出演してしまうとか、はたまた日常の会話でも理屈にこだわるとか、やや極端なエピソードの紹介に偏ってしまったかもしれない。極めてハードに働く日々も、何事もやるからにはとことん頑張る行動特性も、群れるのを好まない性向や論理にこだわるものの考え方もプロフェッショナルらしさを物語る重要な特徴ではあるが、プロフェッショナルは決してエキセントリックな人種ではない。

本節ではプロフェッショナル達の人格や価値観の面における特徴について紹介してみよ

う。

プロフェッショナルとは言っても通常の人々と同じ人間であるから、当然様々な性格の人がいる。短気な人、気の長い人、優しい人、厳格な人、楽天的な人、悲観的な人とまさに千差万別である。

そうした様々な性格の人が存在する中で、敢えてプロフェッショナルの人達に共通する人となりの特徴を挙げるとすれば、オーセンティックなものを好むという点であろう。以下、オーセンティックな嗜好と価値観を軸にして、プロフェッショナルの人となりについて説明していこう。

†オーセンティック

やや極端な日常生活の断片を紹介した後なので念のためにまず述べておくが、プロフェッショナルは、当然のことであるが、極めてきちんとした常識的社会人である。

医者にしても弁護士にしても国家資格や所得の高さだけで社会からの敬意を得ているわけではない。仕事を通じて社会に貢献していることに加えて、日常の言動や人格そのものも敬意をもって認められているのだ。プロフェッショナルは仕事は頑張るけれども発言も行動も突拍子もないことをやってしまう奇人変人、というわけでは決してないのである。

プロフェッショナルは社会人としてもとても真っ当な人達なのである。

基本的には、プロフェッショナルはオーセンティックで常識的なものを好む。その点、同じように個人で仕事をするアーティストやクリエイターの人達とは全く逆の嗜好を持っていると言ってよいであろう。

アーティストやクリエイターの仕事は独創的であること自体が最も重要な価値であり、他人と異なっていることが自分の存在意義である。従って、何事においても当り前でないこと、常識的でないことを指向する。ファッションや持ち物から行きつけの店に至るまで、日常生活全般にわたって独創性を主張するのがアーティストのライフスタイルである。

これに対して、プロフェッショナルの日常の姿は、普通で常識的なものである。プロフェッショナルは他人の意見に左右されることなく独自の考えにこだわる傾向があると紹介したが、プロフェッショナルがこだわる対象は正しさに対してであって、他人と異なっていることに対してではない。安易に他人と同調してばかりいると本当に正しい判断を逸してしまいかねないので、必ず自分で考え、自分自身で独自に判断するようにしているのである。この点で、他人と同じでないこと自体が重要な価値であるアーティストやクリエイターとは根本的に異なっている。

つまりプロフェッショナルにとって独自性は正しくあろうとするための手段、アーティストやクリエイターにとっての独創性は目的そのものという違いがあるのである。従ってプロフェッショナルは自分の考えを他人の意見に安易に同調させることはしないが、仮に独自に考えた結果が他の全員と全く同じであっても、それはそれで一向にかまわないのである。

故にプロフェッショナルは言動も、ファッションも、その他様々な日常の事柄においても、奇抜であったり他人と違っていることを目的化する性向はない。むしろクライアントからの信頼感を得るためには、ファッションや持ち物といった日常生活の要素に関して強い個性を主張するよりも、保守的で常識的である方が有利なのである。

このような背景でプロフェッショナルの日常の姿は至って常識的なものとなっているのである。実際、プロフェッショナルは名刺交換をしてみるまでその人が医者だとか弁護士だとか気づかないことも多い。普通の格好をしていて、普通の物腰である。

強いて一般のビジネスマンとの違いを探すとすれば、医者も弁護士も平均年収が一五〇〇万円程度とやや恵まれているため、洋服や持ち物が多少上質のものであることが多いくらいであろう。とはいえその場合でも、洋服も腕時計も鞄もテイストはあくまでもオーセンティック、いわゆる上質な正統派の路線である。

†ベンツのセダン

少しだけプロフェッショナルの日常的な姿について具体的に紹介しておこう。

ファッションは基本的には背広にネクタイである。建築家だけは仕事内容にアーティスト的な要素が入っているために、デザイナー系のファッションに身を包んでいる人もいるが、それ以外の職種は医者も弁護士も会計士もコンサルタントも背広にネクタイが基本である。その背広もファッション雑誌に載っているようなモード系のデザインのものは着ない。デパートの背広売り場で売っているようなベイシックなタイプである。紺系かグレー系のいわゆるダークスーツで、ダブルよりもシングルを着る人が多い。ナチュラルショルダーのシンプルな形で、派手な柄物を着る人はほとんどいない。

そしていつも同じような雰囲気の出で立ちである。背広も靴もネクタイも毎日取り替えてはいても、いつも同じ服を着ているかのような印象を受けるくらい、いつもベイシックな普通の格好をしている。

アクセサリーや香水はつけない。持ち物は腕時計と鞄くらいである。腕時計は特別高価な物を着けている人は稀であるが、鞄だけは立派な物を持っている人も少なくない。車はベンツのセダンに乗る人が多い。ベンツでなければ国産車の高級セダンである。

ちなみにアーティスト系の人達は、これと全く逆である。ネクタイはしないし、上下揃いの背広も着ない。デパートの背広売り場には決して置いていなさそうな、ファッショナブルな洋服に身を包んでいて、しかも会う度に違う洋服を着ている。アクセサリーにも凝っているし、高価な腕時計をつけている人が多い。車はマセラッティやシトロエン、ジャガーやボルボというように各人様々な個性で選ぶ。ベンツも含めて意外にもドイツ車は少ない。スポーツカーやクラッシックモデルを好む人も多く、普通のセダンに乗る人は少ないようである。

こうしてアーティストと比べてみると、プロフェッショナルは自己完結型のインディペンデントな個人職業ではあるが、日常生活の嗜好やライフスタイルはむしろ一般のビジネスマンに近い人種であることがお分かり頂けよう。プロフェッショナルは自分がエキセントリックであったり、奇抜さで目立ったりすることを決して望んではいない。度の過ぎた個人行動で周りに迷惑をかけてしまったり、理屈っぽくて大人の会話を乱してしまっていることに自省の念を抱いているのも嘘ではない。

プロフェッショナルは自分の好みの背広と同じように、自分は人間としては質の高い常識人でありたいと望んでいる人種なのである。

†空気が変わる

ところで一流のプロフェッショナルは一般に物腰が柔らかく決して変わっているところがあるわけではないのに、威厳や迫力を感じさせる存在感を持つ者が多いものである。こうした威厳や迫力はプロフェッショナルであれば誰もが持っているというものではないし、人となりというにはやや曖昧なものではあるが、最後に、こうしたプロフェッショナルの迫力や存在感について説明しておこう。

ここまで紹介して来たように、プロフェッショナルは冷静でロジカルであり、人と群れることなく、高い目標を自らに設定して強靭な意志力でやり抜くことのできる人間である。しかもオーセンティックな嗜好を持つ常識的な人格を指向している。このように高い能力を持ちながらも真っ当な人格や人となりを有しているからこそ、その結果としてディグニティー（威厳）を身にまとった存在感が醸し出されるようになるのであろう。

ちなみに筆者が属していたコンサルティング　ファームにおいて最上級の経営メンバーになるための条件は、その人が部屋に入って来ただけでその部屋の空気が変わることだという話を聞かされたことがある。その人が部屋に入って来ただけで騒がしかった部屋がシーンと静まり返るとか、困難なテーマに難渋していて絶望感すら漂っているミーティングの席にその人が座っただけでメンバーの気力が回復してくるとか、そういった場の空気を変える存在感こそが一流のプロフェッショナルの証だと言うことであった。

同様の話は医者の世界のこととしても耳にしたことがある。最高の名医と言われる医者が執刀医として手術を行う時、その医者が手術室に入って来てメスを手にした瞬間からチームの雰囲気が変わるそうである。全員に緊張感とやる気がみなぎり、チームの誰もがこの手術はきっと成功するという確信を持てるのだそうだ。そして全員が担当の役割においてそれぞれ最高の仕事をすることができ、実際に手術も成功するというのである。

一流のプロフェッショナルが目指すのは、まさにこういう姿なのであろう。奇抜でもスノビッシュでもなく、普通の常識人のたたずまいでありながらたいへんな迫力を醸し出しているような存在感。接した人がその人となりに引き込まれ、感銘を受け、そして信頼感を抱く。こうした存在感と迫力こそが一流のプロフェッショナルらしさであり、プロフェッショナルが目指す理想の姿なのである。

第五章　プロフェッショナル達へ

近年、社会はますます複雑化、高度化の一途を辿っているため、高度な知的サービスを提供するプロフェッショナルに対する社会的要請は高まるばかりである。またビジネス分野の競争激化を受けて企業の社員管理もどんどん厳しくなっており、自分の職能を頼みに自由に仕事をすることのできるプロフェッショナルという職業の魅力もますます増して来ている。プロフェッショナルがこれからの高度知識社会で主役の一端を担う花形職業であることは間違いないであろう。

ところが一方で、最近はプロフェッショナルによる犯罪や不祥事が頻発しているのも事実である。世間を揺るがせた耐震構造偽装事件やライブドア事件の核心にはプロフェショナルが深く関与していた。耐震構造偽装事件の方は一級建築士による強度計算の偽装が事件そのものであるし、ライブドア事件では不適切な財務諸表に対して公認会計士が適正性を与えてしまい多くの投資家が損害を蒙った。どちらのケースもプロフェッショナルが飲酒運転をしたとか窃盗をしたとかではなく、プロフェッショナルがプロフェッショナルの仕事において犯罪を犯してしまったことが重大な問題なのである。

†事件とSOS

ところでこの問題の原因を、事件を引き起こした一級建築士や公認会計士個人の資質や人間性の問題として片づけてしまうべきではない。こうした事件は、現在のプロフェッショナル達が抱える根深い構造的問題が、海面から頭を出した氷山のように事件化し、社会問題として表出したのだと考えるべきであろう。エンロン事件やワールドコム破綻といった類似の事件が近年アメリカでも多発していることを見ると、現代社会のしくみとルールの中ではプロフェッショナリズムが健全に機能することが難しくなって来ていることが想像される。つまりプロフェッショナルが社会に対して大きな損害を与えてしまう事件が発生する何らかの必然性が生じているのであろう。

現代社会のしくみやルールとプロフェッショナリズムとの不整合を感じている理由がもう一つある。

この数年、若い後輩達から寄せられる相談事のうち、仕事に魅力が感じられなくなってしまったというものが圧倒的に多くなっているのだ。それも優秀で頑張っているコンサルタントであるほどそうした悩みを抱えている者が多い。どのような社会であろうが、いかなる組織であろうが、優秀で頑張っている者が報われないのであれば、その社会も組織も決して長続きするわけがないのは明らかである。

社会においてプロフェッショナルが引き起こす不正事件が多発し、優秀で真面目なプロフェッショナルが報われない業界になりつつあるという現状は、何か根深い構造的問題が現象化したものであるはずである。本章ではこれまで説明して来たプロフェッショナルのあるべき姿と対比させながら、プロフェッショナル業界が抱えるこうした問題について考えてみたい。

こうした事件や現象の背景にはどのような問題が横たわっており、どのようなメカニズムと必然性によって事件が発生するのか。また今後ますます必要とされるプロフェッショナル　サービスを健全化していくためには、何がどう変わらなければならないのかという課題について明らかにしたい。

そして最後に、今第一線で活躍しているプロフェッショナルとこれからプロフェッショナルを目指す方々に対して、正しくプロフェッショナルであるためのメッセージを送りたい。公益に寄与し、自尊の念を持って自由に仕事をすることができる魅力的な職業人としての働き方と生き方を提唱したい。

一　誘惑と不調和

近年プロフェッショナルが重大な事件をしばしば引き起こしている背景には、現代社会のしくみやルールとプロフェッショナリズムの間に不整合があると述べたが、実はプロフェッショナリズムはどんな社会においてもそう簡単には機能しにくいものなのである。別に現代社会でなくても、中世であろうが古代であろうが、はたまたアジアであろうが西欧であろうが、人間が形成する社会においてプロフェッショナリズムが健全に機能し、プロフェッショナル達が理想的な姿で活躍するなどというのは、そもそも論としてかなり困難なことなのである。おそらく一〇〇パーセント安全な原子力発電所を建造するのと同じように難しいであろう。むしろプロフェッショナルはかなり危ない職業なのである。

①ブラックボックス

何がどう危ないのかについて説明しよう。

プロフェッショナルはどの職種であっても、門外漢では到底及ばないほどの極めて高度な知識と技術を身につけている。従ってプロフェッショナルが行うことに対して普通の人々はそれが正しいのか正しくないのかを判断することが難しい。プロフェッショナルからの御託宣をただ信じるしかないのである。

風邪だと思って医者に診てもらっても、そこで肺炎の恐れがあると言われれば信じるしかない。仮に、「この咳の具合と併発している手足のむくみからすると、急性肺動脈血栓塞栓症の可能性が高い。もしそうだとしたら生命にかかわりますから、今夜からでも検査入院して下さい」と言われて、「そんな面倒なことはやってられない」と自分で市販の風邪薬を飲んで済ませることのできる豪傑は稀であろう。せいぜい「入院は明日からではダメでしょうか」と懇願するのが関の山である。鉄筋を何本入れればビルの安全性が確保できるのか、どの費目までなら合法的に必要経費として認めて貰えるのかといった、クライアントが判断を頼って来る事項については当然のことながらプロフェッショナルは圧倒的に強い立場から御託宣を下すのである。

このように仕事の内容と出来映えについて非常に高いレベルの知識と技術が必要な課題領域において、相手に対してほぼ一方的に優位な立場で仕事をするわけであるから、プロフェッショナルの意図次第でどんな御託宣も、どんな処置もやろうと思えば自由自在である。プロフェッショナルの仕事は、一般の人からするとブラックボックスの中での行為なのである。

しかもプロフェッショナルは原則的には一人で仕事を行う。同じ案件に対して同じ職種のプロフェッショナルが二人以上で取り組むのであれば、一人のプロフェッショナルの判断ミスや不適切な処置に対してチェックを入れることができるし、修正が利く。しかし基本的にプロフェッショナルは一案件に対して一人が担当するのが原則だし、大きな案件に対しては複数でチームを組むこともあるが、その場合でも個々の担当範囲は別々であり、一人の仕事を別のプロフェッショナルが管理、監視するわけではない。プロフェッショナルの仕事はあくまでも自己完結型のスタイルで行われるので、仕事の手順や判断について第三者に見咎められることはないのである。

このようにプロフェッショナルの仕事とは、普通の人には正否や妥当性の評価ができないほどの高度な内容について、全権を自分一人で掌握した立場で、しかも監視されることなく一人きりで遂行するというものである。従って、技術か、判断か、緊張感か、良心か、どれか一つにでもほんの小さなミスか不適切な要素が入り込んでしまうと、事故や事件に即つながってしまうのだ。まるで空中ブランコをしながらワインを抜いてグラスに注いでいるようなものである。プロフェッショナルという職業は、これほどまでに危ない、ギリギリの条件の中で働いている仕事なのだ。何事もなく、無事に済む方がむしろ不思議なくらいなのである。

†特権と安逸

しかもプロフェッショナルが気を許してはならない危ない誘惑はまだ他にもある。特権である。

プロフェッショナルは高度な知識や技術を習得していなければならず、しかもその仕事は公益に直結する重要な社会的使命を持つものばかりであるから、一人前のプロフェッショナルとして認められるためには厳しい公の試験と修業が課せられている。しかしその代償として一人前のプロフェッショナルとして公的に認められた者に対しては、国家によって大きな特権が与えられている。

通常その特権は、その資格を有する者のみに対して独占的に特定の業務を行うことを認めるという排他的営業権である。

もちろんこの特権の付与は公益に合致する部分も大きい。例えば、手術や注射といった直接的治療行為はもちろん、鼻水をたらしてくしゃみをしている人に対して風邪だと判断することまで含めて、一切の医療行為は医者のみに許されている。医学の勉強を体系的に修めてもいない者が、勝手に他人の病気を判断していいかげんな薬を飲ませたり注射したりすると大変なことになってしまうので、これはこれで十分な妥当性を持つ。その意味ではプロフェッショナルに認められた排他的特権は、社会のためにもクライアント　インタレストのためにも合致するものではある。

しかしその一方で、副作用もある。官僚機構が放っておくと際限なく肥大化していくのと同じく、特権は既得権化し、そして既得権は放っておくとどんどん膨張していくのである。

素人による医療行為は重大な事故につながってしまうので、一切の医療行為を医者以外の者に禁止しているのは合理性もあるが、眼鏡屋でコンタクトレンズ一つ買うのにも医者の処方箋を不可欠にしていることなど明らかに肥大化した既得権であろう。検眼の作業も全て眼鏡屋の店員がやり、コンタクトレンズの選定に際しての商品知識も店員の方が詳しいのに、単にハンコを押すだけで一日五万円も一〇万円も報酬を取る医者（眼科医であることすら問われない）を必須とする特権なぞ、実質的には公益を逸脱している。

こうした公益の実質を失った既得権が増えて来ると安逸な仕事に流れてしまいがちで、プロフェッショナルとしての緊張感を失ってしまう。本来であれば常に知識と技術の研鑽を怠ることなく身を律して公益への奉仕を追求しなければならないのがプロフェッショナルの本分であるのに、既得権から生じる安逸は往々にして緊張感を奪い、ひいてはプロフェッショナルの本分を忘れさせてしまうのだ。

先に述べたようにプロフェッショナルという職業には必然的に生じるブラックボックス的危うさが存在する。即ち高度な職能を要する仕事であるが故に他者からの評価が及ばないこと、そして一人きりで完結する仕事であるが故に他者の管理が届かないというブラックボックス的誘惑からプロフェッショナルを守り、堕落と不正に陥らないようにすることができるのはプロフェッショナル自身の倫理感と自己規律だけである。ところが、プロフェッショナルに与えられる特権は、プロフェッショナル自身の内部にある堕落や不正に対する防御機能としての自己規律を、知らず知らずの間に麻痺させてしまう点で非常にやっかいなのである。

以上のように、プロフェッショナルはそもそもの職業特性からして、必然的に不正や手抜き、不祥事や事件を引き起こしてしまいやすい職業であることを理解して頂けたであろう。身も蓋もない言い方になってしまうが、プロフェッショナルとは〝何をしても誰にも分からない〟不正の誘惑に満ち満ちた危ない職業なのである。

②経済主流社会

ここまでで説明した誘惑の条件は不祥事や事件が発生するための前提条件である。つまりこれらの条件は事件発生の蓋然性(がいぜんせい)の高さの説明にはなっているけれども、必然性を示しているわけではない。いくら蓋然性の高い前提条件の下にあっても、実際に事件が発生するためには事件を引き起こすための何らかのトリガーが必要である。この場合は、動機である。ドラマの中で刑事が必ず口にするように「動機のないところに犯罪は生まれない」のである。

先に示した様々な誘惑の条件は、プロフェッショナルの職業の必然的属性として昔も今も変わらずに背負って来ているものである。そうした誘惑条件という重荷を背負いながらも、その誘惑に負けることなく自らを強く律して、クライアントに貢献し公益に寄与することを目指して来たのがプロフェッショナル達であったはずである。

前段の章で説明して来たように、プロフェッショナルの本分とは高度な知識や技術よりもむしろこの精神的強さにこそあるのである。

しかしながら、特に近年社会に大きなダメージを与えるような事件をプロフェッショナル達が次々に引き起こしてしまうようになったのは、誘惑条件に満ち満ちた環境の中にありながらもこれまで事件の発生には至らないでいた均衡状態が崩れてしまうような何らかのトリガーが社会に発生して来たと考えるべきである。重荷に耐えながらも不正に手を染めることなく頑張っていたプロフェッショナルの背中を一押ししてしまうような動機が社会的に生じて来たということである。

この動機を生じさせたトリガー要素が何かと言うと、それは経済である。経済的動機がトリガーとなって、誘惑と公益の危うい均衡が崩れてしまったのである。

とはいえ、件の一級建築士と公認会計士は金が欲しくて不正を働いて事件を引き起こしたのだと割り切って片づけてしまってよいほど単純な問題ではない。彼らが金欲しさに不正を働いたというよりも、社会の中に存在する様々な価値の中で経済だけが突出して大きくなり過ぎてしまったことが、複雑かつ大きな圧力となってプロフェッショナリズムを歪めてしまい、不祥事や事件を引き起こしたのである。

以下、社会の中で突出してしまった経済がどのようなメカニズムでどのようにプロフェッショナリズムを歪めていったかについて解説していく。

†非経済的な価値の多さと重さ

そもそも世の中には様々な価値がある。文化や芸術の価値、信仰や宗教の価値、家族愛や友情や恋愛の価値、人格や教養の価値等々、経済的な価値以外にも多様な価値が存在するのが人間の社会の自然な姿である。

価値とは人間に満足感や喜びといった幸せと豊かさをもたらしてくれる源泉である。健康で文化的な生活をするための財やサービスを購入するための経済力が重要な価値であるのは当然であるが、信仰や教養や友情といった金銭とは独立した価値も人間が幸せで豊かな人生を送るために明らかに不可欠なものである。「金で買えないモノはない」と堂々と言い放つ若手経営者が登場して来るほど現在の日本は極端に経済の価値だけが肥大化してしまっているので、一応念のために経済以外の価値について述べているのだが、経済以外の価値が社会にとって極めて重要で不可欠なものであることは日本以外の全ての国家、社会においては議論するまでもない常識であり真理である。

例えばイスラム社会では、ちなみにイスラム社会の人口は約一三億人で日本人の約一〇倍もの人々が世界で生活しているのだが、ほとんどの人が毎日五回の礼拝と陰暦九月のラマダン（絶食月）を欠かさない。工場では礼拝の度毎に一日五回も製造ラインをストップするが、そのために蒙る生産効率の犠牲は甚大である。またラマダンの月には明らかに皆がイライラして話がまとまらないので重要な会議はその頃には行わないらしい。

製造ライン稼動中にはトイレに立つことすら原則禁止で、決してラインの中断を認めない日本とは全く価値の優先順位が違うのだ。イスラム社会の人々にとっては、一〇パーセントや二〇パーセント経済効率が落ちても、即ち所得が一割や二割減っても、そんなことより毎日五回神聖な絨毯の上で定め通りにひざまずいてきちんとお祈りをすることの方がずっと重要で幸せなのである。

信仰生活を軸に社会が構築されているイスラム社会はやや極端な例ではあるが、元々人間が農耕の技術を覚えて飢えの恐怖から基本的に解放されて以降は、経済は手段ではあっても最重要な目的と位置づけられることはなかった。最も優先される価値としては、宗教だったり、文化や芸術だったり、科学や学問だったり、自由や平和だったりというように時代環境毎にテーマは変わるものの、経済が人間社会の究極の目的と位置づけられたことはなかった。

産業革命以降は、軍事力や科学技術や文化芸術も経済的余力によって決定される近代資本主義型の社会構造が成立したために、経済の価値の影響範囲が相対的に大きくなったものの、信仰の価値も、文化や教養の価値も、もちろん友情や恋愛の価値も、しっかりと存続して来た。冷戦構造が終結した九〇年代以降は、従来にもまして経済の占めるウェイトが世界的に大きくなって来ているのも事実ではあるが、それでも経済自体は目的ではなくあくまでも望ましい社会と生活を実現するための手段としての位置付けである。そして日本以外の国や社会では、経済を犠牲にしてでも優先すべき他の価値を必ず保持し続けている。

実際、経済の価値よりも優先すべき価値を持たない社会は日本以外には見当たらない。信仰の国ネパールや貧乏でも陽気に暮らすキューバの例を持ち出すまでもなく、スペインやポルトガルでも重大な経済的ロスと引き換えに毎日二時間昼寝して夜毎ワイワイガヤガヤ飲んだくれているし、西欧の国々は固有の文化や歴史を経済効率よりも優先する。

資本主義の権化のように目されているアメリカですら、ボランティアと寄付行為は圧倒的に世界一である。アメリカは歴史や伝統の浅い多民族国家のため、長い歴史と古い文化を持つヨーロッパと比べると、多民族が共通に受け入れることができるように社会の価値構成が単純化されているのが特徴であるが、そのために万人に最も分かりやすい価値である経済が広く浸透し、経済的合理性が社会ルールの基盤となった。そうして資本主義が最も純粋な形で発達し社会の隅々まで行き渡ったのだが、それと同時に経済的価値と拮抗する形で慈善行為の価値が尊重されており、その表れとしてボランティア活動と寄付が世界一盛んなのである。これは人間社会として経済的価値のみの偏重は明らかに不健全であり、人々が豊かな生活を送り幸せに生きるためには、過重になった経済的価値とバランスを取るために非経済的価値の典型である慈善行為に重きを置くようになったことの表れであろう。

アメリカのボランティア活動の規模はGDP換算で一五パーセントに上る。日本にこの比率を当てはめると金額にして八〇兆円、ほぼ全国家予算並みである。つまり税金も社会保険も全てタダになった上に、すべての公共事業や国債の償還までも賄えるほどである。ボランティアをより直接的にイメージしやすいように労働力に換算すると、公立学校の先生や自衛隊員までも含む全ての公務員が一年中タダ働きしたとしてもまだ半分おつりが来るほどのスケールなのである。アメリカでは大企業の社長も映画スターも工場労働者も、そしてホームレスまでもが、毎週土日にはボランティア活動をしているのだ。

更にアメリカは個人の寄付金の額も圧倒的に世界一である。年間の国民一人当りの寄付金額は約八万六〇〇〇円、これはアメリカ人とほぼ同じ所得を得ていながら年間一人当り一七〇〇円しか出さない日本人の五〇倍である。文化と歴史を誇りにしている西欧からは金儲け主義者と揶揄されるアメリカにして、これほど慈善という価値が社会活動と人々の生活の中に根づいているのだ。

†本来ならば黙殺

一方、現代の日本はどうか。

もうここで多くを語るまでもないであろう。かつてはお金のことを口にすること自体が卑しい行為と見なされていたほどに、非経済的なものの中にこそ人間にとって本当に大切な価値があるという価値体系の社会であったのに、今は見る影も無い。「金で買えないモノはない」と豪語する者がいたとしても、かつてであれば一笑に付されて終わるか、黙殺である。それがメディアまで巻き込んで世を上げて侃々諤々(かんかんがくがく)の大議論に発展するということ自体、もうどこか変である。

今の日本では、金で買えないモノがないのではなくて、金では買えないモノに対して人々が興味をなくしてしまっているのである。高潔な人格や深い教養、慈しみの気持ちや清廉な人生といった金では買えないモノが意識から欠落してしまっているために、金で買えないモノがないように思ってしまうのである。

金では買えないモノが思いつかないような意識の人々で構成される社会においては、その社会のしくみやルールは経済的合理性のみを軸にして組み立てられることになる。そして経済的な軸だけで組み上げられた社会の中で、政府も企業も、大人も子供も、経営者もサラリーマンも、教師も住職も、そしてプロフェッショナルも、単なる経済的行為としての仕事と日常生活を営むのである。

極論すれば、社会と生活の要素が全て利潤とコストと利回りとに置き換えられて認識されるような社会である。経済合理性が文化や教養や信仰や人徳等々の非経済的価値よりも優先され、経済的に合理的なことが正しい事、そして経済的合理性に合わないことは正しくない事と見なされる社会である。これが、経済が完全に支配した社会の姿なのである。

③経済との不調和

経済以外の価値が意識から欠落してしまった人々が住む現代の日本社会、即ち経済合理性最優先社会において、耐震構造偽装事件やライブドア粉飾決算事件というプロフェッショナルが引き起こした事件が発生したのであるが、このような事件が発生してしまうのはある意味で当然とも言える。

そもそもプロフェッショナルの仕事は金儲けを目的にするものではないし、プロフェッショナリズムは経済合理性とは調和しない考え方である。クライアントの利益に貢献し公益への奉仕をすること自体が仕事の目的であって、自分が得る報酬を極大化することはプロフェッショナル コードにも仕事のルールにも含まれてはいない。プロフェッショナルとは、正義や社会奉仕や自己研鑽といった非経済的な価値が尊重される社会の中でこそ輝く職業なのである。

†居場所がない

従って経済的価値が社会を圧倒的に支配する社会においては、正調プロフェッショナリズムは居場所がない。プロフェッショナル達は頑張っても報われず、正義や社会的公正といった価値を認めないクライアントには貢献することが難しいといった事態が生じる。

どんな手段を使ってでも建物を安く作りたい施主に対して必要十分な鉄筋の本数を主張して退かない一級建築士は施主の要望を聞かない頑固者と見なされ、どんなトリックを駆使してでも利益を大きく見せたい新興企業に対して公正妥当な会計原則を盾に承認印を押さない公認会計士は杓子定規なやっかい者に映ってしまうのだ。

それでも正義や社会的公正を踏みにじろうとするのが目の前のクライアントだけであれば、潔くノーを突きつけて他所で仕事をすればそれで済むが、社会全体が経済に支配され、金儲け合理性のみで回っている世の中になってしまっていては、正義と社会的公正を盾にノーというプロフェッショナルは行き場がないのである。

第一章でプロフェッショナルの魅力について説明した時、組織に属さなくともどこででも仕事をすることができ、自由で安心して生きられる職業であると語ったが、経済至上主義社会になってしまった現在の日本ではその自由と安心が確保され得なくなって来ているのだ。プロフェッショナルとは社会に貢献し社会からの敬意を得て、自尊の念を持って生きることが可能な職業であると紹介した。またプロフェッショナルとは自己実現欲求と社会化欲求という最も高次な欲求を満たすことができる職業だと説明したが、正義と社会的公平性にこだわり抜いていると今の日本社会では金儲け合理性に合わない頑固者と見なされてしまい、自尊の念も社会からの敬意も得る機会が消えてしまいつつあるのだ。そればかりか、自尊の念とか社会からの敬意とか言う以前に、生活の大前提であるメシが食えるという安全欲求すら脅かされかねない状況なのである。これが現在の日本におけるプロフェッショナルが直面させられている厳しく困難な現実である。

プロフェッショナルは元々何をしても誰にも分からない誘惑に満ちた危険な職業でありながら、公益への貢献や、社会からの敬意や自尊の念といった精神的充足に基づいた自己規律によって不正からわが身を劃（かく）して仕事をしていくのが本来の姿である。しかし、そうした精神的価値、非経済的価値が人々の意識から薄らいでしまった社会の中では、プロフェッショナル一人が本分を守ろうと頑張り抜こうとしても根本的に無理がある。

プロフェッショナルとて社会の一員である。社会が価値あるものとして尊重してくれない生き方を貫き通すのは、いかに個人主義を旨として生きるプロフェッショナルであっても、あまりにも困難だと言わざるを得ないのだ。

このように現代の日本ではプロフェッショナリズムが正しい姿では成立しにくくなって来ているので、その弊害は当然一級建築士や公認会計士だけでなく医者にも弁護士にも及んでいる。

最善の医療と経済合理性との葛藤は、病院経営の問題や医療制度改革の問題として重大な社会問題となっているし、現在羽振りが良くて若手の弁護士に人気があるのは企業のM＆Aや投資案件を手掛ける大手の渉外弁護士事務所ばかりである。医は仁術とばかりに赤ヒゲ先生で頑張る医者や、社会的弱者のささやかな生活と人権を守るために手弁当で尽力する熱血弁護士は社会の片隅に追いやられる一方である。

先に紹介したコンサルタント達からのＳＯＳも現状の社会とプロフェッショナリズムの不整合の表れであり、コンサルティング業界の変質を物語る明らかなサインである。筆者が実際に経験している事象でもあり、経済とプロフェッショナリズムの葛藤を、リアリティを持って理解して頂けると思うので簡単に紹介しておこう。

†プロフェッショナルの混迷

筆者がコンサルティング業界に身を投じた八〇年代前半は、日本のビジネス社会にプロフェッショナル　コンサルティングが定着し始めたばかりの頃で、まさにプロフェッショナリズムを軸に運営されていた。クライアント　インタレスト　ファーストが本気で唱えられ、クライアントへの貢献とアウトプットの質の高さを基軸にしてファームが運営され、コンサルタント一人一人が誇りを持って働き、全力で自己研鑽していた。

実際自分自身のことを思い出してみても、どのプロジェクトでどんな分析をしてどのような提言を行ったかについては今もチャートの一枚一枚まで鮮明に記憶している案件も少なくない一方、いくら給料を貰っていたかについては当時もあまり意識していなかったし、今では本当に覚えていない。少なくとも当時は、売上げよりも貢献、報酬よりもやりがいという基準でコンサルティング業界は回っていたと思う。

それが九〇年代に入る頃からコンサルティング　ファームの価値基準について少々様相が変わって来た。

筆者が入社した時には五〇人ばかりであったそのコンサルティング　ファームも、筆者が退職した八〇年代末には一五〇人にまで拡大していた。従業員が拡大すると、当然のこととしてその人数を食わせるための仕事が必要となる。本来プロフェッショナルは営業したり宣伝したりすべきではないというルールを紹介したが、膨れ上がった人数を食わせるために、そしてさらにファームを拡大していくために、クライアントを営業開拓する活動のウェイトがどんどん大きくなっていったのがこの頃であった。ファームの売上げ規模はコンサルタントの活躍の結果であり、売上げが拡大するということはコンサルタントがより多くのクライアントを助け、社会への貢献が拡大している証であるというロジックによって、ファームの成長路線が正当化されていた。

そして、成長自体が既定の目標としてコンサルタントに課され、コンサルタントはクライアントの課題解決に使うべき時間を削って新しいクライアントを開拓したり、一つのプロジェクトをなるべく長びかせてフィーをかさ上げしたりすることが目につくようになっていった。

またファーム内でのコンサルタントに対する評価の仕方も変化して行った。特にファームの運営方針を決定する経営陣とでも言うべきパートナー達は、コンサルティングの能力やアウトプットのクオリティによってではなく、ビリングすなわち営業開拓して得た売上げ金額の多寡で評価され、序列が決定されるようになっていた。まるで売り捌いた金額だけで業績と報酬が決められる歩合給のセールスマンのような状態である。

ファームの目的がクライアント　インタレスト　ファーストから、ファーム　インタレスト　ファーストに置き換わってしまったのである。この逆転は、筆者がファームに入った時にまず最初に教わった「プロフェッショナルの本質とはクライアント　インタレスト　ファーストにある。プロフェッショナルの全てのルールがここから導かれる最も大切な理念である。決してファーム　インタレスト　ファーストであってはならない」という掟を自ら踏みにじるものである。

これでは利益と成長を追求する一般の株式会社と何ら変わらない。本来のプロフェッショナルの仕事は、利益や金銭的報酬を追求するのが目的ではないが故に厳しい掟や固有のルールが定められ、クライアントへの貢献をより合理的に行うためにファームという独特の組織を形成したはずである。にもかかわらず、ファームが自らの利益や成長を目的に活動するようになると、プロフェッショナルに課せられる掟もファーム独特のしくみやルールも、全てその合理性を失う。本音と建前の乖離(かいり)であり、目的と方法論の不整合が発生してしまったのである。

クライアント　インタレストのために尽くせと言われながら、クライアントから少しでも多くのフィーを稼いだ者が評価され、提言の質を少しでも高めるためによりレベルの高い分析に執着しろという掟を課せられながら、営業開拓に多くの時間を使うことを指示されるという強烈な矛盾と葛藤の職場になってしまったのである。このような現実の下では、プロフェッショナリズムを守ろうとする者ほどファームの良き一員であることが難しくなり、その矛盾と葛藤から生じるきしみの声がＳＯＳの悲鳴として上げられるようになったのだ。

こうしたコンサルティング　ファームの変容のプロセスは、病院でもロー　ファームでも会計事務所でも全く同様に発生しているようである。先に紹介したコンサルタント達からのＳＯＳと驚くほど同じ内容の話を、医者からも弁護士からも聞いたことがある。経済だけが巨大化した社会においては、プロフェッショナリズムと経済の深刻な不調和は極めて必然的な現象なのである。

ちなみに、資本主義的考え方と経済合理性を徹底的に追求するルールで社会が運営されているアメリカでもエンロン事件やワールドコム破綻というプロフェッショナルが引き起こした事件が先行して発生したが、そのアメリカですら日本と比べると様々な面でまだ健全である。アメリカは経済合理性を追求する一方で、世界最大の慈善と寄付の国家であり、経済と善意、金と徳が拮抗している社会であることは先に述べたが、社会のルールの面においても経済の暴走に歯止めをかけるための法律や行政機関が日本よりはずっと強力に整備されている。

例えば、企業の会計の不正を監視するＳＥＣ（米国証券取引委員会）は約三〇〇〇人ものスタッフを擁し、わずか五〇〇人余りしか配属されていない日本の証券取引等監視委員会と比べると、比較にならないほど強力な権限と実行力を持っているのはよく知られているところである。

また不正な手段を使って不当な金を儲けた経済事犯に対しての罰則もアメリカの方が圧倒的に厳しい。アメリカの裁判では経済事犯に対しては全財産没収は当り前で、日本のように小額の罰金だけで結局やり得、焼け太りのような結果は絶対にあり得ない。またアメリカでは経済事犯であっても懲役一〇〇年とか二〇〇年という判決すら決して珍しくないが、日本では経済事犯の最高刑が実刑で五〜六年程度でしかないのも大きな違いである。大半の経済事犯は億円単位の横領や背任をしていても二、三年以下の懲役でしかも執行猶予付きだし、被害金額が三〇〇〇億円以上に上った史上最大の経済事件といわれるイトマン事件ですら犯人の実刑年数は七年でしかない。

こうした違いを見ても、日本では金を儲けることが何より優先されやすい社会のしくみになっており、経済だけが様々な価値の中で突出した存在となっていることが窺えよう。

二 プロフェッショナル達へ

前節では、そもそもプロフェッショナリズムは利益追求や経済合理性とは調和的両立が難しいのに、現在の日本社会では経済的価値だけが過剰に支配的地位を占めるようになっているために、健全な形でのプロフェッショナルの活動が困難になって来ている事情を説明した。まさにプロフェッショナリズムと経済の葛藤状態である。

しかしだからと言って、経済万能、利益至上主義の濁流にプロフェッショナル達が飲み込まれ、そのまま流されてしまってもよいわけでは決してない。繰り返し述べて来たように、今後はプロフェッショナルによる高度で公正なサービスが益々必要とされるようになるのもまぎれもない現実である。また社会の様々な活動主体が様々な形のネットワークでつながるようになって来ており、一つの不適切な行為が波及する対象が広範に広がっているからこそ、そして経済活動の規模や活動主体のスケールがかつてないほどに巨大化しているからこそ、プロフェッショナルのミスや不正は決してあってはならないのである。

これからは今まで以上に適正なプロフェッショナル　サービスが求められるようになって来ているのだ。前節ではプロフェッショナルの側からの、現代社会におけるやりにくさや困難さについての解説をしたわけであるが、視点を変えて現代社会におけるプロフェッショナル　サービスの必要性の側から見てみると、今後益々プロフェッショナルの重要性が高まっていくことは間違いない。

とはいえ、現下の日本社会では正調プロフェッショナリズムは崩壊の危機に瀕するほど追い込まれた状況になってしまっているのも事実であり、その表れがプロフェッショナル達による様々な不祥事や社会的事件の発生という現実である。

では、プロフェッショナリズムは一体いかにして再生を図れば良いのか。経済的価値ばかりが幅を利かせる社会のしくみの中で、経済的効率性から外れた掟を課せられ、非経済的な報酬を主たる糧として仕事をしなければならないプロフェッショナル達は、一体いかにすれば公益への貢献という使命を果たし、自尊の念を持って自由に生きていくことができるのか。

†答えはシンプル

この問いは二律背反の条件の下で整合的な解を求めるのに等しい、極めて難解な、あるいは答えのない問題であるかのように感じるかもしれない。が、答えは存在する。そしてその答えは明快かつシンプルである。

答えは、「プロフェッショナルはさらに自らの職能を磨き、プロフェッショナルの掟を一層厳しく守るのみ」というものである。

そのやり方が行き詰ったからこそプロフェッショナリズムと現代社会との不調和が生じ、プロフェッショナル達が社会的事件を引き起こすに至ったのだ。そのようなのどかでナイーヴなプロフェッショナリズム本来の姿は経済万能の現代社会では既に通用しなくなっているのだという反論も聞こえて来そうだが、それは正しくない。それは反論と言うよりも単なる弱音である。

プロフェッショナルらしく冷静に考えてみよう。

もし仮に、こんな世の中だから、もう公益への奉仕だとか、社会からの敬意を糧に頑張り抜くなどといったきれい事に拘泥するのは止めにして、社会の主流の価値観であり皆が求める金儲けを手助けすることに徹し、自らも利益追求に励むのが二一世紀の高度資本主義社会に調和した新しいプロフェッショナルの活動スタイルであるなどということになったとしたら、社会とプロフェッショナル達はどうなるであろう。

まず社会の方であるが、これは容易に想像がつくと思うが、大混乱と崩壊が目に見えている。プロフェッショナルの仕事は他の人にはできないような高度な職能を持って、社会や人々にとって極めて重要な課題を解決するものである。そこには高度な知識や技術に裏付けられた的確な判断と公正な処置が要求され、その的確さと公正さによって公益を実現し得るのである。

もしプロフェッショナル達がこの的確さと公正さを放棄してしまい、クライアントや自分自身の金儲け追求のために御都合主義な判断や処置をするようになってしまったとしたら公益なぞ一挙に消失してしまう。耐震強度不足のビルが乱立し、不公正な財務諸表ばかりが公表されるようになってしまったら、社会の大混乱と崩壊は自明である。

では、社会がどうなろうともプロフェッショナル達は厳しい掟に縛られることもなく、楽に金儲けができるようになって現状よりも幸せになれるのか。

こちらも答えはノーである。

金儲け主義のクライアントにとって都合の良い判断や処置を安易に提供して、そのおこぼれに与り自らも利益追求に励むというのは、他のプロフェッショナル達が厳しく掟を守って的確さと公正さを維持しているからこそ成立する抜け駆け行為である。従って、プロフェッショナル全体が御都合主義に堕してしまったり、全員が抜け駆け競争をやるようになってしまったら、今の時点で想定している旨みは消滅する。

むしろ現在のように、公正妥当な判断と処置によって自ずと定まる適正なスタンダードが存在している方が安定的な仕事が可能である。抜け駆け競争や不正支援競争の方がより激烈な悪知恵比べになってしまい、無法地帯における厳しい弱肉強食型競争の下で淘汰されてしまう者が大勢出てしまうであろう。

また仮にこうした抜け駆け競争の勝者として運良く生き残れたとしても、そこで得るモノは大して大きくはない。しょせん、公正を逸脱してまで金儲けを企てるクライアントの手下の役回りとその程度の配当でしかない。

耐震構造偽装事件でもライブドア粉飾決算事件でも、クライアントが不正に手にした利益とその不正に手を貸したプロフェッショナルが得たカネとでは、一桁どころか二桁も三桁もの差がある。しかもクライアントと対等の立場で仕事をすることができるというプロフェッショナルの仕事の大きな魅力を捨て、クライアントとはいえ犯罪者的な者の手下になり下がってのことである。

さらに一度でも不公正な判断と処置に手を染めてしまうと、プロフェッショナルの唯一最大の財産である公的資格を剝奪されてしまうという大きなリスクを抱え込むことにもなってしまう。せっかく厳しい修練を積んで身につけた職能と資格を不公正に使ってしまうことで、高が知れているカネと引き換えに、プライドも自由も失い、リスクを気にしながら生きていくことに一体何のメリットがあると言うのか。

現行の社会が価値観においても経済のしくみにおいても健全なプロフェッショナリズムとは不整合が大きいとは言っても、プロフェッショナルの使命と掟を捨てて職能と特権を安易に不正使用してしまうと、このような悲惨な状況しか招かないのである。

プロフェッショナルは、弱音を吐かず、プロフェッショナリズムを全うするしか人生とキャリアの成功はない。プロフェッショナリズムとは調和しづらい経済至上主義の社会になったからこそ、プロフェッショナリズムをさらに徹底すること、即ち益々職能を磨き、一層厳しく掟を守ることがプロフェッショナル達のこれから進むべき正しい道なのである。

これが唯一の答えである。

†プロフェッショナリズムはやわではない

プロフェッショナルにとって最も重要なことはクライアントへの貢献である。そして、プロフェッショナルの掟の第一に示されているクライアント　インタレスト　ファーストという掟は、プロフェッショナルに全てを与えてくれるのである。つまり、クライアントへの貢献がまず第一に公益への奉仕につながり、第二にフィーを得る根拠となり、そして第三に自尊の念の源泉となるのである。

このように掟の第一条に定められたクライアントへの貢献こそが、職業人としての使命と生活の糧と自尊の念とを三者同時に成立させてくれるのだ。従って、言うまでもないことであるが、クライアントへの貢献を生み出す源である高度な職能と厳しい掟こそがプロフェッショナルの生命線なのである。

このプロフェッショナルの仕事のあり方の基本に立ち返って考えると、プロフェッショナルが目先の経済的利得に手を出して社会的公正を逸脱してしまうのは、プロフェッショナルの精神的バックボーンを成している掟のタガが緩んでいるからだけではないことが見えて来る。

クライアントに対して公正かつ価値の高いソリューションを提供するだけの職能が不足

していることも重要な原因なのである。件の一級建築士や公認会計士とは違って、クライアントからの不当な要求を毅然とした態度で退けても十分に仕事を継続し得ているプロフェッショナルは大勢いる。むしろ不当な要求をするクライアントを断固退けてしまうだけの勇気と職能を持った者の方が大きな活躍をしているものである。一方、掟の緩みや職能の不足が原因となって不当な要求をするクライアントに妥協してしまった者の方は、経済的利得至上主義の行動様式に巻き込まれてしまい、挙句の果てには法的公正さを逸脱してしまうだけでなく、かえって経済的にも厳しい状況に追い込まれてしまっていることが多い。

こうした現実を見ても、掟の面か職能の面かのどちらかで、プロフェッショナルたるべき水準に達していない者が苦境に陥ってしまうのである。これはあまりにも当然である。プロフェッショナルの要件と本分は高い職能と掟にあるのであるから、それを満たせなくなった者はもはや本来のプロフェッショナルの実質を欠いていることになるわけであるし、プロフェッショナルだからこそ得ることができるはずの自由と安心、自尊の念と社会からの敬意を手にすることは必然的に不可能になるのだ。

こうした検証を見ても、これからのプロフェッショナルはどのようにすれば良いかは明らかであろう。

繰り返し言う。

プロフェッショナルは、職能を磨き、掟を守っていれば大丈夫なのである。プロフェッショナリズムの合理性は決してやわなものではない。紀元前五世紀にヒポクラテスが打ち立てて以来、中世や絶対王政の時代を経て、産業革命や市民革命、帝国主義を超えて現代まで、理念も方法論もほとんど変わることなく営々と続いて来ている強固な職業スタイルである。その間、宗教的価値や王権、科学や芸術、軍事力や権謀術数、資本力や民衆の力等々、その時代毎に社会の主流となる価値やパワーの根拠は変遷して来たが、プロフェッショナリズムは何も変容、変質する必要がなかった。

つまり時代や社会の価値観にかかわりなく有効に成立し得る、絶対的な妥当性を持った仕事と生き方の普遍的方法論なのである。少々の拝金主義やマテリアリズムの跋扈(ばっこ)くらいで風化してしまったり、崩壊してしまったりするようなやわなものでは決してない。

困っている人を助ける行為の社会的価値の普遍性、誰にでもできるものではない高度な職能の稀少性、そして権力に隷属したり組織に服従したりせずとも自己責任で生きることのできる自由と自尊の喜びは、そのどれもが普遍的である。一つ一つが普遍的な正当性を持つそれらの要素が調和的に結合し合って成立している仕事と生き方の方法論がプロフェッショナリズムなのである。そして、その普遍的な方法論がまたさらに歴史的鍛錬を経てより強固になっているのであるから、その有効性と合理性は軽々に揺らぐはずもないのである。

†エヴァンジェリストとして

プロフェッショナル達は、このプロフェッショナリズムの有効性と合理性を迷うことなく信じて欲しい。

現在後退しつつあるかのように映るプロフェッショナリズムの合理性と魅力は、実際のところは全く変わっていない。不変である。

そのように感じる向きがあるとしたら、それは職能の未熟さと掟の緩みが原因であって、プロフェッショナリズムの方法論としての機能不全や存在意義の希薄化が起きたためではない。むしろプロフェッショナルは現代社会においてより一層活躍することが求められている。知識も技術も益々高度なレベルが求められているし、社会のために腕を振るう場面も重要性も増すばかりなのである。

それだけではない。

現在の日本社会のように経済的価値への一元化的集約状況、カネさえあれば何でも手に入る的な価値観や生き方が幅を利かすようになっている今日の社会の姿は、先に述べたように、人間の自然な生き方や感覚から明らかに逸脱している。だからこそ今の時代にプロフェッショナルは目の前のクライアントの課題解決によって公益への貢献を行うだけでなく、プロフェッショナルとしての生き方や仕事の仕方を世の中に顕示すること自体が社会に対して非常に大きな貢献になる。

カネではなく、公益に奉仕することの喜びと充足感、仕事を通じて得る自尊の念と自由、そうした非経済的価値によって人は最高の幸せを享受することができるというモデルになることができるのである。プロフェッショナルは経済合理性至上主義の世の中で、人間とは自由と誇りによって幸せになることができる存在であることを実証する使命をもったエヴァンジェリストなのである。

重大な使命であり、とても困難なテーマではあるが、重大で困難な課題こそプロフェッショナルの望むところである。プロフェッショナルという仕事と生き方の合理性と魅力を信じて、これからも揺らぐことなく全力でプロフェッショナリズムを追求していって欲しい。社会のために、そして自分のために。

あとがき

本書は、私が約一〇年来書きたいと思って来た本である。

一〇年ほど前、かつて私が勤めていたコンサルティング　ファームのOB会があった。様々な分野で働いているOB達が集まって近況報告をし合い、ファーム時代の思い出話に花を咲かせて楽しむパーティーである。その場で私は何人かから意外な言葉をかけられたのだった。

私がファームを離れた後、個人で小さな事務所を持って経営コンサルティングを続けていると話をしたところ、「えっ、まだ経営コンサルティングをしているのですか」と驚かれたのである。私は最初はその言葉の本意が理解できなかったのだが、やり取りをしていくうちに彼らの思いが分かって来た。彼らが抱いた思いは、「経営コンサルティングのようなしんどくて儲からない商売をいまだに続けているのは何と奇特なことであるか」というものだった。

もちろん彼らは良い人達であり、私を見下した意識は全くなかったと思うが、少なくとも同情のニュアンスは含まれていた。彼らの多くは外資系を中心とした有力企業のトップやそれに準ずるポジションに就いていたのだが、彼らのステイタスや年収と比べると一見見劣りのする経営コンサルティングの仕事を、私がいまだに続けていることに驚き同情の念を覚えたのであろう。

実際彼らは私の何倍もの年収を得ていたし、有力企業のトップとしてのステイタスは個人事務所のコンサルタントとは比べものにならないとも思ってはいたが、私の仕事が元の同僚達の同情を買うようなものに映っているとは想像だにしていなかった。これには私の方こそ驚き、少なからずショックであった。同じファームで、クライアント　インタレスト　ファーストを合言葉に、仕事のクオリティを競い、センス　オブ　オーナーシップを誇りにして一緒に頑張っていた同僚達である。その彼らが収入の多寡と社会的地位の観点から仕事の評価付けをするようになっていたこと、そしてその評価軸によると経営コンサルティングという仕事は同情に値してしまうような位置付けに見なされていたことがショックであった。プロフェッショナルの魅力をまるで忘れてしまったかのような、彼らの態度は正直残念であった。楽しいはずのOB会で急に寂しさを覚えた。

しかしOB会から帰った後再び湧き上がって来たのは、経営コンサルティングという職業はやはり素晴らしい職業であるという確信である。自分の仕事は自分で決めることができるという自己決定権、自分自身の内に持つ職能一つで価値を生み出すことができるという自己完結の自負心。そして最高水準のクオリティ追求や公益への貢献に対する自尊の念。どれほど多額の報酬や社会的地位の高さと比べても何ら遜色のない素晴らしい職業だという思いを再認識したのである。

この時、社会のより多くの人にプロフェッショナルの魅力を知ってもらうための本を書きたいと思った。これが約一〇年前のことである。

次にプロフェッショナルについての本を書かなければならないと思ったのは、コンサルティング業界の若い後輩達からの相談を受けた時である。

そのOB会の後の何年間かの間に、若手コンサルタントから電話がかかって来たり、パーティーや会合で声をかけられたりして、仕事についての相談を持ちかけられることが度重なった。その相談の内容は皆同じようなもので、一言で言うとファームにおけるプロフェッショナリズムの崩壊に関する若手達の悩みであった。クライアント インタレスト ファーストを外れた仕事を強いられるとか、最高品質にチャレンジする余裕を与えられないとか、あるいはクライアントの日常的業務の下請け作業のような仕事ばかり増えているなどといった不満と悩みである。そうした日々の仕事の実態に不満を感じ、このまま経営コンサルタントとして仕事を続けていくことが自分の職業人生の充実につながるのかどうかの悩みを抱えて、私の所に相談に来てくれたのだった。

そうした相談は驚くほど多く、私が働いていたファームの後輩からだけでなく、他のファームの全く面識のない人からの突然の相談も少なくなかった。

当時のコンサルティング　ファームは本来のプロフェッショナリズムを貫いた経営をするには肥大化し過ぎていたように思う。私がいたファームも私の入社当時は五〇人足らずだったのに、九〇年代半ばには二五〇人ほどに急膨張していた。外資系最大級のファームでは二〇〇〇人規模の陣容を誇るところも登場していた。

そもそも資本は利潤の拡大を本能的に指向し、組織は放っておいても肥大化していく。売上げ規模も組織の人数も増加していくのは企業としてはむしろ自然な流れでもある。

とはいえ、戦略系コンサルティングとかトップマネジメント　コンサルティングと名乗るファームのコンサルタントが、業界全体で千人単位で存在するというのは社会的に求められる仕事の総量と比べて明らかにバランスを欠く。私の感覚では本当の意味でのトップマネジメント　コンサルタントは業界全体で一〇〇人もいれば足りるだろうし一〇〇〇人もいれば十分過ぎるほどではないかと思う。そうしたバランスを欠いた状態の中でファームが拡大指向の経営を続けていこうとすると、当然プロフェッショナルでなければできない本来の仕事とは違った低付加価値の仕事や下請け作業的な仕事も取らざるを得ないことになってしまう。そうして仕事の内容がプロフェッショナル的ではないものになってしまうと、それに併せて仕事のスタイルもプロフェッショナル的ではないやり方になっていってしまうのである。

理想主義的なプロフェッショナリズムを教え込まれて育ったコンサルタントが厳しいプロセス管理の下で下請的作業をやらされれば、不満を感じ、悩み、自分の職業と将来に不安を感じるのは当然であろう。

この時、彼らに自信とモチベーションを取り戻してもらうために、プロフェッショナルの魅力とやり方を伝えるための本が必要だと思った。古き良き時代にプロフェッショナリズムを学び、その通りのスタイルで仕事を続けて来ている者として、本来あるべき姿のプロフェッショナルについての本を書かなければと思ったのだ。

そして三度目にプロフェッショナリズムの本を書かなければと思ったのが、今から二、三年前である。

今から二、三年くらい前から急にプロ／プロフェッショナルに関する本が数多く出版されるようになって来ていた。大きな書店だとプロフェッショナル関連本のコーナーが設けられ、様々なプロ論が並ぶようになっていた。このこと自体は良いことだと思っていた。世の中の人が良い仕事をするためにより高い職能を身につけ、自らの職能を頼みに自立自尊の生き方を目指そうという気運が高まって来たことの表れだろうと、基本的には歓迎すべきことだとみていた。

ただし一つとても気になることがあった。正確に言うならば、気になると言うよりも不満なことがあった。

それは数多く出版されているプロ論のほとんどが、いかにプロ的な職能を磨けば良いかというテクニカルな手引き本の類であったことである。

プロ的な仕事を目指す上で様々なコツやテクニックが重要であるのは間違いない。従って多くの人がより良い仕事をするためにそうしたコツやテクニックを学ぼうとするのは当然のことだとは思う。しかし、そのようなテクニカルな手引きに興味と関心が集まれば集まるほど、プロフェッショナリズムの最も重要な核心の部分、すなわち職業上の使命感とわが身を律するための掟に対する意識が置き去りにされてしまうという危惧を感じたのだ。

そしてこの時に、プロフェッショナリズムについての原論を書きたいとの思いが高まり、本書の内容構成が決まった。

プロフェッショナルのプロフェッショナルたる所以は高度な知識や技術よりも、むしろ職業上の使命感とプロフェッショナル　コード（掟と規範）にあることとは本書で繰り返し述べた通りである。しかし、プロフェッショナルの使命感を軸にした本や、プロフェッシ

ョナル　コードが体系的にまとめられて本の形になったものは書店の棚には並んでいない。またプロのテクニックを学びたいと思う人がいる一方で、そうした技術論的な事柄だけではなく、自己決定権を持つ仕事に就いて、自由と誇りを持って働いていくことに大きな魅力と興味を感じてくれる人も少なくないはずである。

そうした人達にとって、プロフェッショナリズムの原論は必ず必要とされると思った。そしてさらに、この本を書くことはプロフェッショナルな仕事と生き方が価値あるものと信じている私にとっても大切な仕事であると感じた。

こうして本書の内容に関する構想が自分の中でまとまって、書き始めるタイミングを探っているうちに二、三年が過ぎてしまったのだが、この間に重大な事件が立て続けに起きたのだ。

耐震構造偽装事件とライブドア粉飾決算事件である。どちらも文字通り、プロフェッショナリズムの欠如によってプロフェッショナルが犯した犯罪である。プロフェッショナルの仕事が一層必要とされ、プロフェッショナリズムの重要度が益々高まっている時代に、全く逆行するかのような重大な事件が連続して起きてしまったのである。一〇年あまり前に感じたプロフェッショナリズムの威信の低下とプロフェッショナル達の収益偏重がついに人命を脅かしたり、経済社会の信頼を根底から揺るがす事件にまで行き着いてしまったのだ。

この事件がきっかけとなって、ようやく本書の執筆に取りかかることができた。これだけはどうしてもきちんと伝えたいと考えていたプロフェッショナルの社会的使命と職業としての魅力、及びプロフェッショナルの世界の独特のルールについて第一章から第三章に整理してまとめた。このパートがプロフェッショナリズムに関する原論のコアをなす。加えてプロフェッショナルの人となりについても知って頂こうと思って、第四章でプロフェッショナルの日常の姿を紹介した。そして本書を書こうと思い立って以来私が感じ続けていた、現在のプロフェッショナル業界に対する問題意識とメッセージを第五章にまとめて一冊の構成にした。

プロフェッショナルは、自由で、魅力的な職業である。自己決定権と自尊の念を持って生きていくことのできる素晴らしい仕事である。本書を読んだ人の一人でも多くの人がプロフェッショナルな職業の魅力を知って、正調プロフェッショナルを目指してくれると幸いである。そして、本書を読んだプロフェッショナルの方々が本来のプロフェッショナリズムを再確認して、自信を回復してくれるとまた幸いである。

最後に文字通りのプロフェッショナルな働きで本書の刊行を支援して下さった方々に謝

辞を述べておきたいと思います。

本書の企画、刊行については筑摩書房編集部の湯原法史氏と松本良次氏にたいへんお世話になりました。本書に込めた筆者の思いと本書の意義に対して深い理解と共感を抱いて下さり、本書の執筆と刊行に関する最良の環境を整えてくれたことに深く感謝しています。また筆者事務所のアナリスト中川美紀氏にも助けられました。情報収集や原稿の整理だけでなく、本書の内容や構成についても有用な意見を数多く提供してくれ、本書のクオリティ　アップに貢献してくれました。

この方々以外にもずいぶん力を頂きました。特に筆者の周りのプロフェッショナルの方々やクライアントの方々からの本書に対する要望と期待には、とても強く動機づけられました。

プロフェッショナルは一人で決めて黙々と仕事をやり遂げる孤独な職業だとは書いて来ましたが、こうした方々の助けや支援がどれほど仕事をはかどらせ、出来を良くすることができるのかを実感することができました。ありがとうございました。

二〇〇六年一〇月

波頭　亮

ちくま新書
629

プロフェッショナル原論（げんろん）

二〇〇六年一一月一〇日　第一刷発行
二〇〇六年一一月二五日　第三刷発行

著者　波頭 亮（はとう・りょう）
発行者　菊池明郎
発行所　株式会社 筑摩書房
東京都台東区蔵前二-五-三　郵便番号一一一-八七五五
振替〇〇一六〇-八-四一二三
装幀者　間村俊一
印刷・製本　三松堂印刷 株式会社

乱丁・落丁本の場合は、左記宛に御送付下さい。
送料小社負担でお取り替えいたします。
ご注文・お問い合わせも左記へお願いいたします。
〒三三一-八五〇七　さいたま市北区櫛引町二-六〇四
筑摩書房サービスセンター
電話〇四八-六五一-〇〇五三

ISBN4-480-06333-1 C0236

ちくま新書

002 経済学を学ぶ　岩田規久男

交換と市場、需要と供給などミクロ経済学の基本問題から財政金融政策などマクロ経済学の基礎までを現実の経済問題にそくした豊富な事例で説く明快な入門書。

003 日本の雇用 ――21世紀への再設計　島田晴雄

成長の鈍化、人口の高齢化、情報化社会の進展など、メガ・トレンドの構造変化とパラダイム転換を視野におさめつつ、今後の日本の雇用と賃金のあり方を提言。

035 ケインズ ――時代と経済学　吉川洋

マクロ経済学を確立した今世紀最大の経済学者ケインズ。世界経済の動きとリアルタイムで対峙して財政・金融政策の重要性を訴えた巨人の思想と理論を明快に説く。

065 マクロ経済学を学ぶ　岩田規久男

景気はなぜ変動するのか。経済はどのようなメカニズムで成長するのか。なぜ円高や円安になるのか。基礎理論から財政金融政策まで幅広く明快に説く最新の入門書。

080 国際経済学入門 ――21世紀の貿易と日本経済をよむ　中北徹

国際経済学の基本としての貿易、国際収支、為替レートの問題から海外投資、内外価格差の問題にいたるまでを明快に解説するとともに新時代の日本経済のあり方を説く。

093 現代の金融入門　池尾和人

経済的人口的条件の変化と情報技術革新のインパクトにより大きな変貌を強いられている現代の金融を平易・明快に解説。21世紀へ向けての標準となるべき会心の書。

140 日本人の消費行動 ――官僚主導から消費者主権へ　牧厚志

日本の経済システムが消費行動にもたらしたメリットとデメリットとは？　成長神話の後に求められる新たな制度とは？　岐路に立つ日本経済が選択すべき道を探る。

ちくま新書

194 コーポレート・ガバナンス入門　深尾光洋

かつて強かった日本企業はなぜ弱くなったのか。会社制度の原理に遡り、国際比較や金融のグローバル化などの視点を踏まえて、日本型システムの未来を考える。

225 知識経営のすすめ ――ナレッジマネジメントとその時代　野中郁次郎　紺野登

日本企業が競争力をつけたのは年功制や終身雇用の賜物のみならず、組織的知識創造を行ってきたからである。知識創造能力を再検討し、日本的経営の未来を探る。

263 消費資本主義のゆくえ ――コンビニから見た日本経済　松原隆一郎

既存の経済理論では説明できない九〇年代以降の消費不況。戦後日本の行動様式の変遷を追いつつ、「消費資本主義」というキーワードで現代経済を明快に解説する。

264 自分「プレゼン」術　藤原和博

第一印象で決まる人との出会い。印象に残る人と残らない人の違いはどこにあるのか？　他人に忘れさせない技術としてのプレゼンテーションのスタイルを提案する。

340 現場主義の知的生産法　関満博

現場には常に「発見」がある！　現場ひとすじ三〇年、国内外の六〇〇〇工場を踏査した〝歩く経済学者〟が、現場調査の要諦と、そのまとめ方を初めて明かす。

342 ハイエナ資本主義　中尾茂夫

不良債権から抜け出せない日本は、今やＩＭＦ管理まで囁かれつつある。世界を劇的に変えたグローバリズムの功罪を検証し、日本型システムの未来について考える。

358 長期停滞　金子勝

現在の日本は大恐慌期以来の七〇年ぶりの世界同時不況の真っ只中にある。小手先の政策はもはや通用しない。歴史考察を通じて「信頼」回復の道を説く注目の書。

ちくま新書

385 世界を動かす石油戦略　石井彰　藤和彦
世界最大のエネルギー源・石油は、政治と経済の重大なテーマである。世界情勢が緊迫する中、国際石油市場はどのように変わるのか。石油は世界をどう変えるのか。

396 組織戦略の考え方　――企業経営の健全性のために　沼上幹
組織を腐らせてしまわぬため、主体的に思考し実践しよう！　組織設計の基本から腐敗への対処法まで「これウチの会社！」と誰もが嘆くケース満載の組織戦略入門。

405 優しい経済学　――ゼロ成長を豊かに生きる　高橋伸彰
経済成長に依存しなくとも、分配のしくみを変えることによって「豊かさ」は実現できる！　競争ではなく協力の視点から「優しい経済社会」を構想する。

427 週末起業　藤井孝一
週末を利用すれば、会社に勤めながらローリスクで起業できる！　本書では「こんな時代」をたくましく生きる術を提案し、その魅力と具体的な事例を紹介する。

439 経済大転換　――反デフレ・反バブルの政策学　金子勝
世界同時デフレに加え、イラク戦争後、「分裂と不安定の時代」の様相を強めている。バブル待望論と決別し、普通の人が普通に生きていける経済社会を構想する。

441 賃金デフレ　山田久
黙っていても給料が年々上がった時代は今や昔。導入が始まった成果主義も、賃下げの異名との声すらある。まず経営改革ありきの立場から、賃金の行方を展望する。

446 会社をどう変えるか　奥村宏
会社なしには現代社会は維持できないが、その信頼は失われつつある。変革の試みを歴史的に検証し、法人資本主義でも株主主権でもない理想の会社の条件を考える。

447 エコロジカルな経済学　倉阪秀史

これまでの経済学は、環境問題を扱うには不十分だった。この限界を乗り越え、経済と環境との両立を目指し、実効性ある処方箋を提示する。新しい経済学の誕生だ。

455 創造経営の戦略
——知識イノベーションとデザイン　紺野登

企業の成長力とは何か？　それは組織や個を貫く「創造性」である。本書では「ブランド」「経験」「デザイン」などの概念を紹介し、次代の経営戦略の在り方を探る。

456 24時間戦いました
——団塊ビジネスマンの退職後設計　布施克彦

高度成長期の消費をリードし、社会変革に燃え、そして精一杯働いてきた、あれはいったいなんだったのか？団塊の世代が今後果たすべき役割と設計を果敢に提示。

458 経営がわかる会計入門　永野則雄

長引く不況下を生きぬくには、経営の実情と一歩先を読みとくための「会計」知識が欠かせない。現実の会社の「生きた数字」を例に説く、役に立つ入門書の決定版！

459 はじめて学ぶ金融論〈ビジュアル新書〉　中北徹

複雑な金融の仕組みを、図を用いてわかりやすく解説。情報の非対称性、不良債権、税効果会計など、基本から最新のトピックを網羅。これ一冊で金融がわかる！

464 ホンネで動かす組織論　太田肇

「注文が殺到して嬉しい悲鳴！」とか「全社一丸となって！」というのは経営側に都合のいい言葉であって、従業員には響かない。タテマエの押し付けはもうやめよう。

468 ボスと上司
——「プロ」サラリーパーソンVS.「アマ」サラリーマン　梅森浩一

競争原理に裏づけられたプロフェッショナリズムをもつ「ボス」と、自己保身しか頭にない「上司」——。雇用環境が激変する現代におけるリーダーの条件を考える。

ちくま新書

472 週末起業チュートリアル　藤井孝一
週末起業ができる人はどこが違うのか？　成否の鍵を握るのは、会社への依存度だ。経済面と精神面、この二つの点で会社と訣別し、週末起業への一歩を踏み出そう。

476 経済敗走　吉川元忠
円とドルの間で繰り広げられる為替ゲーム。それを背後で操る意思とは何か？　九〇年代日本経済の軌跡をたどり、米国に敗け続ける経済構造に陥った元凶を抉り出す。

492 技術経営の挑戦　寺本義也　山本尚利
日本企業が世界と伍するためには、技術力において競争優位を確保するしかない。世界の優秀企業を徹底検証し、いま日本企業が取り組むべき新しい「技術経営」を探る。

499 キャリア転機の戦略論　榊原清則
五年先の職業人生を思い描くことすら困難な今、仕事と生き方に戦略をもつには何が大切か。キャリアの転機を乗り越えた人びとの生きざまを素材にその勘所を探る。

502 ゲーム理論を読みとく——戦略的理性の批判　竹田茂夫
ビジネスから各種の紛争処理まで万能の方法論となっているゲーム理論。現代を支配する〝戦略的思考〟のエッセンスと限界を描き、そこからの離脱の可能性をさぐる。

512 日本経済を学ぶ　岩田規久男
この先の日本経済をどう見ればよいのか？　戦後高度成長期から平成の「失われた一〇年」までを学びなおし、さまざまな課題をきちんと捉える、最新で最良の入門書。

513 仕事に活かす〈論理思考〉　本田有明
すぐに使える論理思考はどうすれば身につくか。意思決定や組織運営、情報の分析やプレゼンの方法など様々な実例をもとに示す、現場で生かせる論理トレーニング！

ちくま新書

515 住宅喪失　島本慈子
リストラ・非正規雇用への転換により急増するローン破綻。住宅金融公庫も廃止され、ローンを完済しても建替で追い出されるかもしれない――これは他人事じゃない！

516 金融史がわかれば世界がわかる――「金融力」とは何か　倉都康行
マネーに翻弄され続けてきた近現代。その変遷を捉え直し、世界の金融取引がどのように発展してきたかを整理しながら、「国際金融のいま」を歴史の中で位置づける。

538 現場主義の人材育成法　関満博
若者に夢がない、地域経済に元気がない――そんな通説を覆す、たくましいリーダーが各地に誕生している。人材はどのように育つのか？　その要諦を明かす待望の書。

559 中国経済のジレンマ――資本主義への道　関志雄
成長を謳歌する一方で、歪んだ発展が社会を蝕んでいる中国。ジレンマに陥る「巨龍」はどこへ行くのか？　移行期の経済構造を分析し、その潜在力を冷静に見極める。

561 産廃ビジネスの経営学　石渡正佳
不法投棄をはじめとする裏ビジネスを経営学的なアプローチから分析し、それらをベンチャーに転化する処方箋を示す。現役公務員による画期的なアウトロー対策論。

565 使える！　確率的思考　小島寛之
この世は半歩先さえ不確かだ。上手に生きるには、可能性を見積もり適切な行動を選択する力が欠かせない。確率のテクニックを駆使して賢く判断する思考法を伝授！

567 四〇歳からの勉強法　三輪裕範
商社マンとしてMBAを獲得し、数冊の著書を持つ著者が、時間の作り方、効率的な情報収集術、英語習得法、無駄のない本選びなど、秘伝の勉強法を提示する。

ちくま新書

581 会社の値段 森生明
会社を「正しく」売り買いすることは、健全な世の中を作るための最良のツールである。「M&A」から「株式投資」まで、新時代の教養をイチから丁寧に解説する。

582 ウェブ進化論 ——本当の大変化はこれから始まる 梅田望夫
グーグルが象徴する技術革新とブログ人口の急増により、知の再編と経済の劇的な転換が始まった。知らないではすまされない、コストゼロが生む脅威の世界の全体像。

585 マンガに教わる仕事学 梅崎修
ビジネスマンガ厳選40作品に描かれた仕事現場での経験知に、働き方やキャリアデザインを学ぶ。就職活動から、昇進、転職、定年後まで、仕事人生の魅力を再発見。

610 これも経済学だ！ 中島隆信
各種の伝統文化、宗教活動、さらには障害者などの「弱者」などについて「うまいしくみ」を作るには、「経済学」を使うのが一番だ！ 社会を見る目が一変する本。

616 「小さな政府」を問いなおす 岩田規久男
誰もがいまや「小さな政府」を当然の前提と考える。だが、格差拡大やマンション耐震偽装などの問題も生じた。本当の改革のために何が必要かを、精緻に検証する。

617 下流喰い ——消費者金融の実態 須田慎一郎
格差社会の暗部で弱者を貪り肥大化した消費者金融業。その甘い蜜を求め大手銀行とヤミ金が争奪戦を演じる…。現代社会の地殻変動を活写した衝撃のノンフィクション。

619 経営戦略を問いなおす 三品和広
戦略と戦術を混同する企業が少なくない。見せかけの「戦略」は企業を危うくする。現実のデータと事例を数多く紹介し、腹の底から分かる「実践的戦略」を伝授する。